稻盛和夫
经营实录 第3卷

企业成长战略

[日] 稻盛和夫 著　京瓷株式会社 编　周征文 译　曹岫云 审校

成長発展の経営戦略

机械工业出版社

CHINA MACHINE PRESS

图书在版编目（CIP）数据

企业成长战略/（日）稻盛和夫著；日本京瓷株式会社编；周征文译. —北京：机械工业出版社，2017.6（2025.5重印）

（稻盛和夫经营实录）

ISBN 978-7-111-57081-3

Ⅰ. 企… Ⅱ.①稻… ②日… ③周… Ⅲ. 企业管理－经验－日本－现代 Ⅳ. F279.313.3

中国版本图书馆 CIP 数据核字（2017）第 111359 号

北京市版权局著作权合同登记　图字：01-2017-3101 号。

INAMORI KAZUO KEIEI KOEN SENSHU (3)

SEICHO HATTEN NO KEIEI SENRYAKU

by KAZUO INAMORI.

Copyright © 2015 KAZUO INAMORI.

企业成长战略

出版发行：机械工业出版社（北京市西城区百万庄大街 22 号　邮政编码：100037）

责任编辑：刘新艳

责任校对：李秋荣

印　　刷：保定市中画美凯印刷有限公司

版　　次：2025 年 5 月第 1 版第 13 次印刷

开　　本：130mm×185mm　1/32

印　　张：10.25

书　　号：ISBN 978-7-111-57081-3

定　　价：79.00 元

客服电话：（010）88361066　68326294

　　"在企业经营中，必须绞尽脑汁制定战略和战术，但战略和战术的基础是'关爱'和'体谅'。一旦具备这个基础，那么，不管前方有多大的艰难险阻，都能排除万难、成就事业。"

至誠

稲盛和夫

推荐序

一灯照隅　万灯照世

判断基准是哲学核心

从 2005 年开始，我花了大约 1 年时间，写了《稻盛和夫成功方程式》这本书。为此，我认真阅读了当时可以找到的稻盛先生所有的著作和讲演。承蒙稻盛先生亲自推荐，这本书还用日文在日本出版并畅销。

从 2009 年开始，我又翻译和编译了稻盛先生的《活法》《干法》等 21 部著作。可以说，我对稻盛先生的思想和语言已经相当熟悉了。尽管如此，在翻译（和审译）"稻盛和夫经营实录"系列著作的时候，我仍然常常情不自禁地拍案叫绝，感动不已。我想，这是因为书中跃动着的活的灵魂触及了我的心弦。

稻盛先生是企业家中的哲学家。他心中总是持有两种互相对立的思想，并随时都能正常地发挥两者各自的功能。这就是哲学和哲学家的魅力。

"稻盛和夫经营实录"系列从 20 世纪 70 年代开始，跨越了 40 余年，包括《赌在技术开发上》《利他的经营哲学》《企业成长战略》《卓越企业的经营手法》《企业家精神》《企业经营的真谛》共 6 本书，涉及经营和人生的方方面面，内容非常丰富。

内容虽然丰富，但是稻盛哲学的核心可以浓缩为一句话，"判断事物的基准是：作为人，何谓正确"。换一种说法就是，把善恶而不是得失作为判断和行动的基准。

这一哲学贯穿在该系列 55 篇讲演的每一篇中，让每一篇都成为经典，使人读之如沐春风。

"一言兴邦"，破产重建的日航，就因为 32 000 名员工学习、掌握并实践了这一哲学，仅仅 1 年便起死回生，经营业绩连续 6 年在全世界航空业遥遥领先。在实现全体员工物质和精神两方面幸福的同时，日航对客户、对社会做出了贡献。

可以设想，如果全世界的人都实践"作为人，何谓正确"这一哲学，那么人类将会升华，人类社会将会进入更高阶段的文明。

MBA 的缺陷

1982 年，通过选拔考试，我被国家经济贸易委员会派往日本东京的生产性本部学习企业诊断。学习内容主要是科学管理的分析技术和技法，基本上就是 MBA 的那一套，比如对作业人员的工作乃至动作进行细致的分析测定，对生产工序进行观察分析，对设备运转率进行测定分析，对产品和市场进行细分以及对企业的收益性、成长性、安全性等进行财务分析，等等。

在计划经济时代，中国企业都是全民所有制或集体所有制，用的是所谓传统的管理方法。当时适逢改革开放之初，随着市场竞争机制的导入，对于这一套生产管理、质量管理、目标管理、精益管理等的技术技法，大家觉得很新鲜。后来如雨后春笋般，各种商学院都教这些课程，大同小异。

但是，这一整套从西方，主要是从美国引进的科学的分析技法有一个缺陷。依靠这些分析技法，并不能分析出企业家为什么要办企业，企业的根本目的是什么，也分析不出企业家应有的人生观、价值观乃至企业家的人格，更分析不出企业员工的意识状况，而这些对于企业经营至关重要。现在我们的企业里发生的各种问题，乃至许多闻名世界的大企业发生的舞弊丑闻，其根本原因就在这里。这不是什么科学或科学水平高低的问题，而是有没有正确的企业哲学的问题。

特别在 2008 年，发端于美国的金融风暴席卷全球。这场危机的本质是贪得无厌的资本主义的暴走狂奔。资本主义的精英们使用现代最尖端的金融技术，靠所谓虚拟经济，以钱生钱，追求自身利益的最大化，结果造成了世界性的经济混乱和萧条。

自由竞争的市场原理、股东利益的最大化以及绩效主义，一方面搞活了经济，促进了社会的发展；另一方面，刺激了人的欲望，造成了严重的贫富差异，制造了社会动荡的根源。高度膨胀的利己主义、拜金主义在破坏人心的同时，也破坏了环境。在企业里，过度的绩效考核往往把人和人之间的关系变成了赤裸裸的、庸俗的金钱关系。

传统文化的局限

在以西方为代表的资本主义文明出现严重危机的时候，有人就想从东方文化，特别是从中国传统文化的儒释道中寻找出路，于是出现了"国学热"，现在方兴未艾。

中国几千年悠久的历史孕育了灿烂的文化，其中蕴含着巨大的智慧。特别是在正确的为人之道、致良知等方面，我们的古圣先贤有非常精辟的见解。这些教诲对于校正浮躁喧嚣的现实社会，具有深远的意义。

同时，在几千年封建皇帝的独裁统治下，我们的经济非常落后。在原始的、自给自足的自然经济条件下，我们没有也不可能产生现代意义上的企业这种组织形式，缺乏科学、民主和创新的元素。当然，我们也没有企业管理方面的科学，没有企业经营的哲学和实学，更没有经营十二条、会计七条、阿米巴经营，但这些是我们的企业家最需要的东西。另外，用难懂的文言文来教育企业的员工，改变他们的意识，事实上有很大困难。

稻盛哲学是集古今一切优秀文化之大成，应用于现代企业经营取得卓越成功的典范，是现代商业社会的儒释道。它把"作为人，何谓正确"，也就是把"是非善恶"作为判断一切事物的基准，在追求全体员工物质和精神两方面的幸福的同时，为人类社会的进步发展做出贡献。另外，稻盛说的都是大白话，简单朴实，易于为普通员工理解和接受。

卓越的社会实验

京瓷、KDDI以及日航共计约13万名员工，已经在某种程度上实现了全体员工物质和精神两方面的幸福，并通过技术、服务、税金以及他们成功的哲学实践，对人类社会做出了巨大贡献。

这是伟大的社会实验。几千年来，古今中外先贤圣人描绘的理想社会，在稻盛那里变成了现实，这是前无古人的。星星之火，可以燎原。如果我们从稻盛哲学和它的实践中获得启示，并把我们与生俱来的良知发扬光大，我们就可以成为一个个"小稻盛"，就能把自己的企业做得更好，让员工更幸福，对社会多做贡献。

"一灯照隅是国宝"，一个行业中只要出现一家实践稻盛哲学和实学的成功典范，就可能改变整个行业的风气。"一灯照隅，万灯照世"，如果有一万家企业实践良知经营并获得成功，就能改变整个商业文明的走向——从利己的文明走向利他的文明。

如果不改变人类这个利己主义的文明的走向，人类将没有未来！

稻盛和夫（北京）管理顾问有限公司董事长曹岫云

2017 年 5 月 10 日

前　言

　　随着经济全球化的推进，（日本政府）为了加强对企业的监管，修订了公司法，并于 2015 年开始实施。同年 6 月，东京证券交易所出台了针对上市企业的新原则——《公司治理准则》，并开始实施。这一连串的动向源自海外投资者的批评，他们认为日本企业的公司治理水平多年来一直处于低位。为了让日本企业被世界所信赖，该问题亟待解决。

　　本书收录了我在 20 世纪 90 年代的一系列演讲，当时正值京瓷积极拓展海外市场的飞跃期，公司销售额也飙升至 1 兆日元。演讲内容涵盖多个方面，包括日本首个通过股权交换来并购海外企业的案例、京瓷在迈向全球化过程中总结出的经营思路和具体方法等。

即便在推进全球化经营的过程中，我依然时时刻刻把"作为人，何谓正确"视为判断基准，遵循正义、公平、公正、勇气、博爱、努力、谦虚、诚实等人类最基本的伦理观和道德观，在企业经营中贯彻共同价值观。依据这些朴实的、看似原始的价值观经营企业，京瓷在海外发展顺利，包括海外员工、客户、股东及投资家在内，都与京瓷建立了极高的信赖关系。

我认为，在企业管理活动中，只有基于这些人类社会的共同价值观，才能真正让企业治理的机制和制度发挥作用。

本套丛书"稻盛和夫经营实录"是我半个多世纪的企业经营历程回顾。其间，我不知疲倦地向前迈进，在道路上留下了清晰的足迹。企业经营之路绝非一马平川的坦途，而是险峻陡峭的山路。我之所以能够咬紧牙关、勇往直前地走到今天，靠的是自己的经营目的和信念——实现全体员工物质和精神两方面的幸福，并为了给人类社会的发展进步做出贡献，将利他之心付诸实践。

本书亦是如此，其内容虽然只是我根据当时情况表述的观点，但倘若怀有真挚之心的企业家或组织领导能够抽出时间来予以垂阅，则实乃本人之大幸。在此，我衷心祝愿各位读者能够通过努力经营来成就企业或组织，从而造福于大众，使这个社会变得更美好。

稻盛和夫

2015 年 9 月

目 录

推荐序

前言

京瓷发展与经营的口号 / 1
第 3 届盛和塾全国大会首日讲话——1994 年 7 月 7 日

提出经营口号的理由 / 2

"谦虚不骄，更加努力"（1977 年）/ 3

"胸怀渗透到潜意识的强烈愿望和满腔热情，
达成自己所设定的目标"（1978 年）/ 7

如何使多元化的事业取得成功 / 12

灵活运用潜意识来拓展事业 / 16

"思维方式 × 热情 × 能力＝人生的结果·事业
的结果"（1980 年）/ 22

"实现新计划的关键在于不屈不挠、一心一意。
因此，必须抱定信念、志气高洁、愿望强烈，

一根筋干到底"（1982 年）/ 29

"通过永无止境地追求各种可能性，来培养自身

卓越的预见力"（1983 年）/ 31

企业家的思维方式是企业经营战略的基础 / 37

第 10 次日本证券分析师大会纪念演讲

——1995 年 10 月 5 日

对于战略的思考 / 38

支撑企业的本质要素 / 42

拓展海外业务的案例之一：收购仙童半导体

公司的陶瓷封装工厂 / 46

拓展海外业务的案例之二：通过交换股份收

购 AVX 公司 / 58

通信事业战略案例之一：第二电电 / 69

通信事业战略案例之二：移动电话事业 / 72

不能单纯用数字来判断企业的业绩 / 75

京瓷的国际并购战略 / 79

关西商界俱乐部第 140 届例会演讲——1990 年 5 月 30 日

京瓷是如何实施并购的：收购艾科的经过 / 80

为了将来的发展：与 AVX 合并的背景　/　82

"半导体乃产业之米"：与 AVX 合并的开端　/　85

视察 AVX 工厂的收获　/　90

接下来的悬案：关于合并方式及交换比率　/　93

为对方着想：设定股份交换比率　/　95

并购课题：如何应对日本国情　/　101

并购课题：如何应对美国法律　/　107

岂有此理？股份交换比率再次变更　/　109

并购的要诀：把"关爱"与"体谅"作为

　判断基准　/　114

中小微型企业如何成长为大企业　/　123

第 5 届盛和塾全国大会首日讲话——1996 年 7 月 5 日

企业为何必须成长　/　124

坚信"至诚所感，天地为动"　/　126

始于中小微型企业的众多京都企业　/　132

危机感和饥饿感是企业飞速成长的原动力　/　136

对于单一产品的危机感促成了多元化发展　/　142

从骨干企业蜕变为大企业　/　151

创业的才智 / **161**

盛和塾中部地区塾长例会讲话——1996 年 9 月 19 日

能将稀松平常之事变为事业者便是事业家 / 162

物流部门的成功创业 / 165

钻研创新创造高收益 / 170

"门外汉的天马行空"造就了一批京都企业
的榜样 / 173

京都企业掌门人共通的八大性格特征 / 180

大家一开始都是门外汉 / 184

多元化发展是稳步成长的必要条件 / 190

多元化发展所带来的安定与危险 / 195

踏遍险峻之路，方能磨砺自我 / 198

多元化发展的失败案例与难点所在 / 202

计如落子，由点及面 / 205

如何攀登"多元化发展"的山峰 / 209

企业的成长必须伴随人格的成长 / 211

为何必须追求高收益 / **223**

如何实现高收益经营：京瓷公司内部讲话
——1999 年 8 月 19 日

高收益企业：京瓷的起点 / 224

为了还债而提升利润率　/　231

水到渠成的"高收益目标"　/　238

必须实现高收益的理由 1：为了强化财务体质　/　240

必须实现高收益的理由 2：为了稳定将来的
经营状态　/　242

必须实现高收益的理由 3：为了用高分红来
回报股东　/　248

必须实现高收益的理由 4：为了用高股价来
回报股民　/　250

必须实现高收益的理由 5：为了拓展事业发展
的选项　/　251

必须实现高收益的理由 6：为了通过收购企业
来谋求多元化发展　/　253

高收益型企业才能走的险棋：京瓷进军通信
领域　/　254

高收益是制造型企业的勋章　/　259

多少税前利润率才算高收益　/　266

全球化下的企业经营与公司治理　/　279
日经论坛"世界企业家大会"演讲——1999 年 10 月 7 日

日企的管理现状　/　280

日企子公司与关联公司的管理模式　/　283

如何管理海外子公司　/　286

"把握人心"是企业管理的必要条件　/　291

将经营理念变为全员共有的信念　/　293

企业合并的理想方式　/　298

注：本丛书选取了稻盛和夫从20世纪70年代至21世纪前10年（现代）的海量演讲稿件，并加以编辑和整理，其中可能存在故事重复或与当前状况脱节的用语，为了尊重时代背景并体现演讲的临场感，特意保持原汁原味，望各位读者理解。

京瓷发展与经营的口号

第 3 届盛和塾全国大会首日讲话

——1994 年 7 月 7 日

　　1994 年 7 月 7 日、8 日，为期两天的第 3 届盛和塾全国大会在京都召开。作为塾长，稻盛在大会首日做了讲话，他介绍了京瓷若干年的年度方针（一直追溯至他仍担任社长的创业初期），这些方针以经营口号的形式体现。他还以此为坐标，回顾了京瓷的成长历程。

提出经营口号的理由

每年，我都会以这样的方式与各位相见，为了让自己的演讲内容能够给在座各位的企业经营带来实质性的帮助，我总是冥思苦想，可脑中往往难以浮现答案。今年亦是如此，我一直在为此事犯愁。几个月前，我前往位于北海道的京瓷北见工厂视察，该工厂负责生产通信器材。其间，我与厂里的技术人员在一间办公室商讨事务，发现那里挂着以前的一些经营口号。经询问，原来是该工厂的主管所为——他把自己中意的经营口号裱入镜框，并挂在墙上。这让我灵感一现，于是我直接把那些口号给拿了回来。

在京瓷，每年的年底到正月，我都会构想新一年的企业经营方针，并在 1 月 10 日左右召集所有干部，召开"经营方针发表会"。在会上，我会宣布"今年的经营方针"，同时提出经营口号，该口号会张贴在公司各处。

我今天之所以把这些口号拿到会场上来，是为了介绍京瓷在不同时期的不同口号，并阐述提出这些口号的初衷，希望能为各位带来实质性的参考价值。

"谦虚不骄，更加努力"（1977年）

在京瓷创立的第18个年头，即1977年，我提出了"谦虚不骄，更加努力"的口号。口号的副标题是"现在只是过去的结果，将来要看今后的努力"。1997年3月的财年报告显示，公司的销售额总计486.51亿日元，税前利润为179.65亿日元，利润率竟然高达37%。可以自豪地说，这也是当时日本企业中最高的利润率。

在这样的背景下，我提出了"谦虚不骄，更加努力"的口号。当时社会上对京瓷一片赞誉，视其为"高成长、高收益"型企业中的翘楚。对此，我召集公司干部，在1月召开的经营方针发表会上对他们说："现在只是过去的结果，将来要看今后的努力。换言之，公司现在的业绩之所以出色，是因为我们过去努力了；至于将来如何，则要看我们今后的努力程度。"

17年后的现在（1994年），京瓷3月的年度财报决算结果显示，包括第二电电的合计业绩在内，整个京瓷集团的销售额总计约8000亿日元，税前利润约为1200亿日元。当公司销售额达到500亿日元的规模时，我并未安于现状，而是提出了"谦虚不骄，更加努力"的口号，正是这种不断努力的心理状态，才使京瓷有了后来的发展。

大家注意，500亿日元变成8000亿日元并非重点，我希望大家结合自己公司的实际思考这个问题。对许多企业家而言，销售额一旦达到500亿日元，就已经非常满意了，毕竟"取得这样的业绩，养活家人绰绰有余了"。相信在座的各位中，抱有这种想法的人也不在少数。可在京瓷如此顺风顺水的全盛时期（销售额有 500 亿日元，利润率接近 40%），我想到的却是"谦虚不骄，更加努力"，并向公司干部强调。京瓷之所以能在后来取得更为长足的发展，我认为与这样的思想密切相关。

此外，在 1977 年 1 月的经营方针发表会上，我还做了如下发言：

"去年 11 月和 12 月的订单量逐月减少，从大家提交的今年 1 月份的生产预定计划来看，订单量似乎还会进一步下降，看来经济环境开始恶化了。"

可见，1977 年 1 月的兆头并不好，上一年（1976年）经济景气的大环境正日渐衰退。顺便提一下，1976 年 3 月的年度财报显示，公司的销售额约为 296

亿日元，税前利润约为 98 亿日元。换言之，上一年的销售额为 296 亿日元，而到了下一个财年，其决算结果超过 486 亿日元，增加了 190 亿日元之多，可见京瓷蓬勃的发展势头。

可另一方面，从上一年年末起，不景气的阴霾已经渐渐抬头。正因为如此，在公司的销售额增加六成、全员容易骄傲松懈之际，我才更要敲响警钟，毕竟经济已经开始呈现衰落趋势，这也是提出"谦虚不骄，更加努力"口号的初衷之一；与此同时，为了应对不景气的环境，作为技术人员出身的我，还把研发新产品作为第一目标，我向员工指出："必须全力研发新产品，因为技术研发是企业唯一的生存之道。"

我还对员工们说："在今年 12 月底之前，必须实现月产值 50 亿日元的目标。"此时，3 月年度财报的联结决算结果即将发表（销售额为 486 亿日元），但我依然在新年 1 月的经营方针发表会上提出更为远大的目标——"在年末之前，让公司月产值达到 50 亿日元，并瞄准单独决算销售额迈入 1000 亿日元企业的目标，而今年要成为迈向这一目标的第一年。"

换言之，在经营方针发表会上，我向各位干部讲述了自己的梦想——"销售额已经达到了 500 亿日元，接下来的目标是 1000 亿日元"。为了把"千亿日元"这一数字作为全公司的大目标，为了让该目标能够落实到各处，我饱含着满腔热情，和他们促膝长谈。

"胸怀渗透到潜意识的强烈愿望和满腔热情，达成自己所设定的目标"（1978 年）

由于 1978 年的经济大环境非常不景气，因此我提出了新的经营口号——"胸怀渗透到潜意识的强烈愿望和满腔热情，达成自己所设定的目标"。

1978 年 3 月的年度财报显示，联结决算的销售额共计约 467 亿日元。由于上一财年的销售额为 486 亿日元，因此收入等于是减少了；税前利润则为 126 亿日元，上一年度为 179 亿日元；利润率更是从 37% 锐减至 27%。1977 年 11 月、12 月及 1978 年 1 月的订单量持续减少，在如此不景气的经济环境下，我提出："要想重振京瓷，唯有研发新产品。"

前面讲过，当利润率达到 37% 的顶峰时，为了告诫员工们不要骄傲自满、极度膨胀，我特意提出了"谦虚不骄，更加努力"的口号。即便如此，销售额依然减少，利润率更是大幅下滑。为此，1978 年 1 月，我对干部和普通员工提出了"潜意识论"。

面对持续性的不景气，我说道："如今世界局势总体和平，经济环境趋于成熟和饱和，各种商品的供应都十分充足。纵观各发达国家，大众已经不再为物资和商品的缺乏而苦恼。既然需求得以满足，那么不管在物质方面还是心理方面，都很难激起人们新的购买欲望，其结果便导致了世界总体经济环境的衰退，这被称为'结构性衰退'。"

我讲这番话的时候是 16 年前，但与如今的经济环境可谓如出一辙。当时，我接着讲道：

"这样的稳定局势会一直持续，在这种趋于饱和的市场环境中，企业要想发展壮大，唯有不断研发新产品。关于这点，我刚才也有所论及，相信大家已经明白。

"毫不夸张地说，研发新产品是企业的唯一出路。我们应以此为纲，举全体员工之力，千方百计地从不同行业、不同领域着手，使京瓷实现多元化发展。

"但这是极其困难的事情。迄今为止，在不同行业、不同领域的新产品开发还没有令人满意的成就。但另一方面，世上的经营者，特别是陷入'结构性衰退'的产业，其企业经营就更加期望在其他行业或领域取得突破。

"不仅是日本，全世界的企业家皆是如此，可实际的成功案例却寥寥无几。由此可见，企业要想实现跨行业、跨领域的发展，可谓难于上青天。

"面对困难，我们京瓷人从不退缩，而是勇于挑战，可目前的结果和其他企业一样，并无甚大起色。即便如此，今年的努力方向依然不会改变，我们要想方设法夯实基础，从而实现跨行业、跨领域发展的目标。要想成功，就必须具备坚实的基础，这也是我们当下的首要任务之一。或许今年的发展计划无法圆满实现，但至少要为将来打下基础。

"那么问题来了，我们今年靠什么来提升业绩呢？按照以往的说法，自然是'新产品为王'。今年我想补充一点，要利用老事业部门（即京瓷创立之初的各部门）的技术和资源，以现代社会的新需求为指针，研发出较为简单的新产品。在我看来，这便是我们公司今年的增长点。"

如今的市场状况亦是如此——人们的消费行为不断成熟，完全成了商品饱和过剩的买方市场，因此稀松平常的常规产品已经无法打动消费者，也无法为企业带来新的增长点。这与我在1978年1月的经营方针发表会上的讲话内容并无二致。也正因为如此，我才拼命强调研发新产品的必要性和紧迫性。

但研发新产品谈何容易，许多企业都一直在努力谋求跨行业、跨领域的多元发展，但结果总是难以尽如人意。纵观全世界，几乎皆是如此，因此这可谓企业发展的共通难题，可我们依然要不断挑战。京瓷在这方面也尚未取得成功，但为了能够为多元化发展打下坚实基础，我当时苦口婆心地向干部们阐释自己的想法，而该想法的核心便是"潜意识论"。

如今回想起来，当时之所以提出该论调，可能是受了中村天风（1876—1968，宣传积极乐观思想的著名哲学家）先生的影响，那段时间，我一直在学习他的著作。另一方面，由于跨行业、跨领域发展实在极为困难，我经过冥思苦想最终发现，唯有借助天风先生的"潜意识论"，才能解决问题。

如何使多元化的事业取得成功

在座的各位想必也知道，一旦经济环境开始改善，不管是大企业还是中小企业，一定都会着手开拓新事业。比如，经营咖啡店的企业顺风顺水地开了多家连锁店，接下来就会想在其他领域赚钱，可一旦新领域的发展受挫，就会立刻收手。如此反复，永无休止。这个道理适用于各个行业和各家企业——一旦经济景气、业绩增长，就忍不住去开拓各种新事业。

各位可能还记得，日本的钢铁行业一度是整个国家的支柱产业，拥有巨大的实力和财力。有一家知名的日本钢铁公司曾经"全面出击"各个行业，试图在各领域开花结果。可在短短两年内，就从几十个新开拓的行业中全面撤退，包括半导体行业，可谓昙花一现。

在我看来，这家钢铁公司只是仗着经济环境和自身财力，试图在其他领域分一杯羹，其结局只能是失败。"自己有资金、有人才，因此无所不能，那些中小企业擅长的领域和业务，对自己而言自然是小菜一碟"，在这种想法的驱使之下，这家公司试图在经济景气的风口全面开花，可成功哪有这么简单。我当时就预计他们会像火中探物一样——感到烫就缩手。结果不出所料——他们从各个领域撤退。从这点也能看出，企业要想实现跨行业、跨领域的发展，的确困难重重。

在座的各位也好，我自己也好，甚至可以说所有企业家都一样，为了让自己的公司根基稳固，持续发展，势必会考虑多行业、多领域发展的课题。比如，有的企业制造机器设备等生产工具，容易直接受到经济形势的冲击，因此计划开拓普通消费品市场；有的企业在电子产业领域基础坚实，同时又打算进军机械产业等全新领域，这都无可厚非。此外，有的企业在深耕日本市场的同时，还计划开拓欧美市场，这样的话，假如日本市场衰退，只要美国市场繁荣，就能起到很大的缓冲作用；反过来，假如美国市场衰退，只要欧洲和日本的市场繁荣，其负面影响也会得到中和。

换言之，面对经济和市场环境的波动，多元化经营就像是一种缓冲材料，能够减少企业所受到的冲击。假如只依靠单一行业来维持企业运作，企业经营就很不稳定。因此，凡是认真思考过企业发展道路的企业家，势必会想到"多元化"这样的理想形态。但现实是残酷的——即便靠自己精通的老本行，竞争已然十分惨烈，就算付出百分之百的精力，前途依然渺茫；要是再把仅有的才能分散到自己原本并不擅长的新领域，就会导致竞争力的进一步丧失，结果显然还是失败，可见多元化发展的难度有多大。

但在我看来，要想让京瓷进一步发展，从而成为让员工真正"安下心、靠得住"的企业，无论如何都要在多元化发展方面取得成功。

早在20世纪70年代中期，我便开始布局多元化发展，时至今日，京瓷集团的业务涉及多个行业领域，包括再结晶宝石、切削工具、太阳能、生物陶瓷等。此外，我还在美国和欧洲建立了销售网点，开拓了海外市场。

因此，在召开1978年的经营方针发表会时，我对全体干部提出要求——无论如何都要在年内为京瓷将来的新事业打下基础。为了实现这一目标，我接着提出了"潜意识论"。

灵活运用潜意识来拓展事业

面对"难于上青天"的多元化经营，我心怀强烈的愿望，无论如何都想让京瓷取得成功。为此，首先需要夯实基础，然后需要跨越发展，为了实现这样的愿景，我向全体干部提出了新口号——"胸怀渗透到潜意识的强烈愿望和满腔热情，达成自己所设定的目标"。

当时，为了让大家理解潜意识的重要性，我讲了这样一番话：

"之前也讲过一次，我曾经有过这样的经历：在京瓷发展初期，我就考虑无论如何必须开拓美国市场，后来如愿成立了京瓷国际公司（KYOCERA International, Inc），并将其发展壮大至今。究其原因，是由于我一直怀着一种信念——必须进军美国市场。

"当时，我只要一坐在西洋式厕所的抽水马桶上[⊖]，就会不由自主地念叨'必须去美国'。如今，我感觉已经去过了几百次美国，都已经去怕了，可只要一坐在抽水马桶上，'必须去美国'这句话还是会从我的嘴里蹦出来。这已经成了怪癖，如今想改都改不掉。从心理学的角度看，这或许算是一种条件反射吧。"

说实话，我最早连抽水马桶都没用过，在第一次去美国之前，为了先体验生活，我甚至住到一位朋友的家里，他家在东京，房子里配有抽水马桶，那是我第一次用它。从那时起，"必须去美国"的愿望就渗透到了我的潜意识中，到了今天，虽然我已经去了几

⊖　传统的日式厕所为蹲厕，日本人把安装抽水马桶的厕所称为西洋式厕所。——译者注

百次美国，只要一坐在马桶上，"必须去美国"这句话还是会脱口而出，这便是潜意识在起作用。

"必须在美国市场取得成功"，当时我在脑中不断念叨这句话，简直到了"疯魔"状态，其结果是条件反射——这句话不但在脑中回荡，还会不由自主地说出口来。对此，我当时向公司干部们解释道：

"我相信，只要胸怀渗透到潜意识的强烈愿望，本年度的经营计划就势必能够实现。对于制订的计划，是否极度认真地思考过？是否持续不断地念想过？这些都是计划成功与否的关键因素。假如在计划制订完成后只是轻描淡写地想'但愿能够实现'，那是不可能获得成功的。必须每天反反复复、持续不断、极度认真地发愿，直至渗透到潜意识。这样一来，即便在无意识的状态下，潜意识也会指导我们行动。

"从这点来看，不妨认为我们人的内心深处还有另一个自己，我们可以向另一个自己求助。或者说，在我们用头脑思考之外，潜意识也在帮我们思考。让我们感觉到，有两个人在一起用力，朝着目标奋斗前进。"

接着，既然讲到了潜意识论，我又向干部们介绍了超心理学的案例。

"在我看来，所谓'渗透到潜意识的强烈愿望'，就是让我们感觉到，愿望到达了自己持有的灵魂的层面，也就是到达了守护自己的守护神的层面。

"可以认为，连守护神（守护灵）或者说灵魂都会为我们提供支持。古人有云：'只要怀着无论如何必须成功的愿望，百折不挠，拼命努力，就能至诚通天'。

"换言之，只要真正拼命思考，其赤诚之心便能感动上天，从而取得成功；或者可以说，由于实在太过辛劳和努力，夜以继日地拼命工作，如此奋不顾身，连神灵都忍不住出手相助。

"我刚才提到了'自己的守护灵'，有的人可能无法理解，觉得这是没有科学根据的迷信，但对于'至诚通天'这句话，总应该理解了吧！这种坚韧不拔的态度、永不放弃的精神，必定会使神灵出手相助。道理很简单，如果一个人认真和努力到了连神灵都怜悯的地步，势必能够获得成功。"

极度认真、坚韧不拔的心理状态能把愿望传递给自己的潜意识。既可以把潜意识视为另一个自己，也可以把潜意识看作自己的守护灵或守护神。总而言之，必须具备极度认真的态度，让神灵都为之感动，让神灵都忍不住出手相助。当时，我满怀激情地向京瓷的干部们讲解这个道理。

1978 年，在我提出了这样的"潜意识论"后，京瓷的业绩开始极速提升。到了 1984 年（正值京瓷创立 25 周年）3 月的财年决算时，公司的联结销售额总计 2511 亿日元，税前利润达到了 622 亿日元，上一年度的销售额为 1734 亿日元。换言之，与前一年相比，销售额竟然增加了 700 多亿日元，而利润率也高达 25% 左右。

其实在 1984 年，我还做了一个重大的决定，那就是创立"第二电电企划"，也就是第二电电的前身。换言之，在迎来京瓷创立 19 周年的 1978 年，我提出了"潜意识论"，之后公司实现飞跃发展，实力不断增强；之后，在京瓷创立 25 周年的 1984 年，我创立了"第二电电企划"。

到了 1985 年，公司业绩迎来了一个新的高峰，当年 3 月的财报决算显示，公司销售额共计 3257 亿日元，税前利润约为 822 亿日元，利润率为 25%。一家总销售额位于 3000 亿日元高位的企业，居然仍能保持税前 25% 的高利润率，可谓惊人业绩。此时，第二电电也已经蜕变成了独立运营的公司，负责开拓全新的事业。

之后，受到日元不断升值的巨大冲击，公司业绩进入了一段低迷期。

"思维方式 × 热情 × 能力＝人生的
结果·事业的结果"（1980 年）

让我们把时间线稍稍往回拨，1980 年 3 月的年度财报显示，从 1979 年起，京瓷的业绩（包括销售额）呈现急速增长的态势。1978 年 3 月的年度总销售额为 467 亿日元，1979 年突然增至 594 亿日元，1980 年则为 1141 亿日元。换言之，1980 年是京瓷销售额迈入千亿日元大关的一年，也正是在那一年，我向员工们提出了"思维方式 × 热情 × 能力 = 人生的结果·事业的结果"的口号，它后来成了支撑整个京瓷哲学体系的根本理念。

在强调"潜意识论"的同时，我又提出，成功的关键在于三个因子——"思维方式""热情"和"能力"的乘积。当时，我引用了福泽谕吉⊖的名言：

"思想深远宛如哲人，心术高尚正直堪比元禄武士，加上小俗吏的才干，再添上土百姓的身体，方能成实业界之俊杰。"

方程式中的"思维方式"即福泽谕吉所说的"思想深远宛如哲人"中的"思想"，以及"心术高尚正直堪比元禄武士"中的"心"。换言之，观念、思想、哲学、心构成了一个人的思维方式。

⊖ 福泽谕吉，日本近代著名的启蒙思想家，明治时期杰出的教育家，著名私立大学庆应义塾大学的创立者。——译者注

至于"能力"，按照福泽谕吉的说法，便是"小俗吏的才干"。所谓"小俗吏"，是明治初期政府改革的产物，即当时政府机关的基层官员。他们看不起平头老百姓，在坊间飞扬跋扈、收受贿赂、以权谋私。这种牟利的小聪明类似于商人的精明。

"土百姓的身体"则是指农民默默朝夕劳作的勤劳精神，其与"热情"相当。

我认为，人生和事业的结果取决于上述三大因子的乘积。一个人的能力不管有多高，倘若缺乏热情，则无法成事；不仅如此，即便有了能力和热情，还要看思维方式如何。思维方式的数值范围为 $-100 \sim +100$，抱有负面思维方式的人，其人生的结果只能是负面的。

打个比方，有的人拥有热情和能力，却怀着反社会的情绪，最终只会成为法外之徒；有的人在学生时代较为懵懂，凭着一股所谓的勇气和正义感参加了反政府运动，可到了四五十岁，却仍然没能摆脱戾气，沉醉于过激的思想中，进而仇视社会，不断做出类似恐怖活动之类的恶事，实在令人扼腕叹息。大家想一想，这种人原本的出发点是好的，人也充满了正义感，可正面的思维方式却在不知不觉中扭曲变质，最后毁了自己的一生。

思维方式至关重要。为此，我觉得有必要不断自问"作为人，何谓正确"，并以此为判定基准，来建立相应的哲学体系。从那时起，我便开始向员工们宣传这种思维方式，后来我把思路加以整理，便写成了《提高心性，拓展经营》一书。

对此，当时在京瓷有不少年轻员工表示反对，认为我对"京瓷哲学"的宣传推广是一种"思想洗脑"，是把我自己的思维方式和意识形态强加于他们。我承认思维方式多种多样、百花齐放，但一种思维方式

（或者说一个想法）的确能够改变一个人的一生。在我看来，问题不在于"是否强加"或"是否接受"，而在于通过学习圣贤们的思维方式，从中获得启迪。鉴于此，从 1980 年起，我就开始对全体员工积极宣传这种"人生方程式"，希望他们能够让自己的人生变得更加充实丰富、更加精彩纷呈。

首先，我在京瓷内部开展了"哲学启蒙活动"，我当时对他们说："我并不想把什么思想和思维方式强加于人，我只是想让大家的人生变得充实和精彩。"

在座的各位亦是如此，可能你们都读过我的拙作《提高心性，拓展经营》，对于其中的哲学内容，有的人可能百分之百赞成，有的人可能抱有异议。直到现在，我依然在对所有京瓷人宣传该书中的思想，不管是干部还是普通员工，不管是日本本土员工还是海外员工，无一例外，而其中自然有不少人对京瓷哲学的某些内容难以接受。为了能让他们真正理解和明白，我往往会不厌其烦地努力讲解，时而春风化雨，时而抽丝剥茧。我们知道，许多美国人仅仅把工作视为谋生的饭碗，对于企业也没有什么感情，认为企业和员工无非是"剥削与被剥削"的冰冷关系。可我最近发现京瓷的不少美国干部也开始逐渐接受《提高心性，拓展经营》中的思想了，他们甚至还对我说："我们也要以您提倡的人生观来开展工作。"

我殷切希望在座的各位能够学习京瓷哲学、理解京瓷哲学、掌握京瓷哲学，并提取其中的思维方式，进而教给自己企业的员工。在宣传相关思维方式的初期，势必会有员工表示反对。尤其当碰到能言善辩者时，他们势必会说这样的思想是拾人牙慧，然后狠狠地把各位批判一番。即便如此，各位也不能退缩，要锲而不舍，并动之以情、晓之以理，不断地对员工说："（对于这种思维方式）我也处于学习阶段，我看了塾长的书，听了塾长的讲话，觉得其哲学思想大有裨益，所以才向你们推荐的。"

虽然心怀愿望，却前怕狼后怕虎，既担心会遭到自己员工的反驳和批判，又害怕他们无法理解，于是只轻描淡写地讲一讲大致主旨，然后摆出一副旁观者的姿态，希望员工们自动自觉地去学习、去理解。一般的企业家往往都会这么做。在我看来，这是缺乏勇气的表现。因为缺乏勇气，所以只是默默地在心中期待，希望员工能理解自己旁敲侧击的"良苦用心"。很遗憾，这种方式是无法团结和发动员工的。

我殷切希望在座的各位能够学习京瓷哲学、运用京瓷哲学，并提取其中的思维方式，进而努力与自己企业的员工分享。

"实现新计划的关键在于不屈不挠、一心一意。因此，必须抱定信念、志气高洁、愿望强烈，一根筋干到底"（1982 年）

到了 1982 年，我提出的口号是"实现新计划的关键在于不屈不挠、一心一意。因此，必须抱定信念、志气高洁、愿望强烈，一根筋干到底"。之所以提出这样的口号，可能是由于我当时在绞尽脑汁地思考如何完成年度经营计划，并且碰巧看到了天风先生的这句话。该口号和 1978 年提出的"潜意识"和"愿望"相似，都强调了"心念"的重要性。

最后提到了"志气高洁、愿望强烈、一根筋"三个词，这三个词其实非常重要。"志气高洁"一词较为古老，就是指高尚、纯洁。如果动机不高尚、不纯洁，就无法成就事业。之所以强调"愿望强烈"和"一根筋"，是为了杜绝左顾右盼、三心二意的态度。

换言之，心怀高尚、纯洁的强烈愿望，心无旁骛，勇往直前，就一定能成功。这也是天风哲学的最大奥义。

1980 年，当我把人生方程式作为经营口号而提出时，我花了两个多小时向公司干部们饱含激情地阐述经营方针。由于正值 20 世纪 80 年代开幕的第一年，我以"京瓷与国内外的社会环境"作为讲话的开篇内容，接着阐述了制造部门和营业部门的年度方针，然后指出了年度的具体目标，再是题为"技术研发的方向与革新"的讲话，内容十分详细，且涉及电子、节能、替代型能源、生命科学、新潮流等各个方面，接着是总务部门的年度方针，最后以经营口号作为结束。换言之，当时我的讲话内容并非单纯的哲学论，其主干是各部门的具体方针。

P14

　　与之相对，到了 1982 年，在我的讲话稿中，涉及年度销售额目标等具体经营计划的内容总共只有区区 3 页，主干内容是人才培养，我从灵魂讲到宇宙论、意识论，最后讲到佛教的八正道。我把"思念造业"作为切入点，进而论及五感的意识，最后回归至"潜意识论"，内容不但深邃，而且厚重。换言之，通过反复强调，我要让全体员工明白，仅仅思考"研发技术""业绩提升"还不够，我特别强调了实现这些目标的精神状态。

"通过永无止境地追求各种可能性，来培养自身卓越的预见力"（1983 年）

　　到了 1983 年，眼看京瓷即将迎来创立后的第 25 年，我提出的口号是"通过永无止境地追求各种可能性，来培养自身卓越的预见力"。

那段时期（1983 年和 1984 年），京瓷各方面的事业全面开花。各大报纸和杂志纷纷撰文，评价我"拥有优秀预见力，能够洞察时代潮流"。

对此，我当时对员工们讲道："预见力并非与生俱来，我不断思考如何让企业生存和发展，永无止境地追求各种可能性，从而获得了旁人眼中所谓的'卓越预见力'，其实我本没有什么预见力，只是千方百计地想让企业得以发展，永不停歇地追求各种可能性而已。在该过程中，我不知不觉地培养出了自己的预见力。换言之，预见力并非稻盛和夫独有的天赋，只要实践这样的活法，人人都能拥有它。"

在我提出该口号的第二年，京瓷正式迎来了创立后的第 25 个年头，刚才讲过，那年我创立了"第二电电企划"，而 1985 年 3 月（1984 年）的年度财报显示，京瓷的销售额达到了一个高峰，但接下来的日元升值却给了京瓷当头一棒。

1986年10月，我辞去社长职务，专注于会长的工作，同时开始把精力转向"第二电电"。当时的京瓷还只是个"地方性骨干企业"，居然要创建第二电电，一些人心生妒忌，当时的一些周刊杂志开始猛烈打压和抨击京瓷以及我本人。在这样的逆境之下，再加上日元大幅升值等利空因素，使得京瓷的业绩陷入低迷。

但是，我刚才介绍的口号大显神通，积蓄至今的能量如喷火一般迸发，在第二电电取得了巨大成功的同时，从昭和末年到平成元年，京瓷实现了更大的飞跃。到今年，京瓷和第二电电的综合业绩十分喜人，总销售额已然突破8000亿日元大关。

一般来说，如果一家企业拥有1000亿日元左右的销售额和几百亿日元的利润，就已经属于非常成功的典范，几乎能让企业家高枕无忧了。但为了让仅此一次的人生精彩纷呈，为了为社会、为世人尽心尽力，也正因为具备这种雄心壮志，京瓷才能取得如此惊人的成长和发展。

以上讲到了京瓷一路走来的业绩发展历程，希望在座的各位能够把我提到的各种数据与自己企业的实际情况相结合，在进行换算后认真思考；与此同时，我还介绍了我在各个时期的具体经营思路以及激励员工的方式，希望各位能以此为参考，灵活运用于自己企业的经营之中。

要　点

现在只是过去的结果，将来要看今后的努力，今日的辉煌无法充当明日的保障。

○

在商品供应趋于饱和的市场环境中，企业要想提升业绩，唯有研发新产品。毫不夸张地说，研发新产品是企业谋求发展的不二法门。

○

只要胸怀渗透到潜意识的强烈愿望，则必然能达成所设定的目标。对于自己制订的计划，"极度认真地持续思考"是使得计划成功的关键因素。

○

每天反反复复、持续不断、极度认真地发愿，直至渗透到潜意识。这样一来，即便在无意识的状态下，潜意识也会指导我们行动。

○

坚韧不拔的态度、永不放弃的精神必定会使神灵出手相助。如果一个人认真和努力到了连神灵都怜悯的地步，则势必能够获得成功。

○

人生和事业的结果取决于"思维方式""热情"

"能力"三大因子的乘积。一个人的能力不管有多高，倘若缺乏热情，则无法成事；不仅如此，即便有了能力和热情，还要看思维方式如何。思维方式的数值范围为 −100～＋100，抱有负面思维方式的人，其人生的结果只能是负面的。

○

假如一个人的心念不够高尚和纯洁，就无法取得成就。换言之，心怀高尚、纯洁的强烈愿望，并心无旁骛地保持专注，则势必能获得成功。

○

预见力并非与生俱来，只要千方百计地想让企业得以发展，永无止境地追求各种可能性，就能在不知不觉中培养出预见力。

企业家的思维方式是企业经营战略的基础

第 10 次日本证券分析师大会纪念演讲
——1995 年 10 月 5 日

1995 年 10 月 5 日，社团法人日本证券分析师协会主办了第 10 次日本证券分析师大会。

稻盛被邀请在会上做纪念演讲，他举了京瓷进军海外市场和通信事业的实例，并主张"不能单纯用数字来判断企业的经营基础是否坚实"。

对于战略的思考

自京瓷创立起，时至今日，公司已经走过 36 个春秋，虽然今天的演讲题目是"对于战略的思考"，但回顾京瓷的发展历程，我其实并没有怎么制定战略。尤其在我担任社长一职期间，我从不制订中长期的经营计划，而只是制订短期的年度计划而已。原因很简单，即便制订了中长期计划，也会被不以自己的意志为转移的各种变数（譬如经济环境的波动）所影响、所打乱。碰到这种情况，如果依然故我地强推计划，只会导致各种异常的出现。

从京瓷创立伊始，时至今日，我都以"活在当下"的态度来制订公司的发展计划，从而使京瓷从一家地方性小企业成长为国际化的大集团。详细来说，这种"活在当下"的态度，就是"今天全力以赴，就能看清明天；当月全力以赴，就能看清下月；今年努力奋斗，明年就会豁然开朗。但2年后、3年后，甚至5年后的事情，只能是'凡人不得知，唯有天晓得'了"。换言之，细数京瓷的发展历程，其实并没有什么长远战略规划。即便如此，我还是斗胆把京瓷进军海外市场和通信事业的"战略"作为本次讲话的主要内容，因此在各位看来，我所说的内容或许根本称不上战略，还请各位多包涵。

我曾经在无数的场合介绍过，京瓷的经营活动完全基于名为"京瓷哲学"的思维方式。因此，不管是进军海外市场，还是开拓通信事业，其实都是出于偶然。这种偶然，我觉得可以用英语中的"by chance"来表现，或许"by chance"的本意和我要表达的意思有所出入，但既然生为人，就势必会遭遇各种风云变幻，我之所以用"by chance"，是为了表达"各种机缘巧合"之意。

比如在生意场上，一些人有时会有求于我，譬如

"能否帮助某家企业""能否买下某座工厂"等。每当碰到这种情况，我首先会考虑"此事是否为善举"，然后会分析"天时、地利、人和"是否齐备。换言之，在遇事行事时，我首先会自问是否"动机至善"，然后思考"天时、地利、人和"这三要素是否到位；同时还会尊重对方的立场，为对方着想。按照佛教的说法，即坚持以"利他之心"来判断和处理各种情况。

无论是最初进军海外市场，还是创立第二电电，我都是以这样的方式来思考和行动的，包括京瓷并购雅西卡照相机公司，也是满足上述条件后的判断结果。

在我看来，只要上述要素一并到位，就可以做出可行的判断，哪怕在技术或资金方面存在风险。但在旁人眼中，这或许是"有勇无谋"之举，用围棋来比喻的话，就好像是"三间跳"或"四间跳"⊖，为了不让自己的落子被孤立，在"跳"完之后，就得想办法在它们的周围落子，从而化点为线，但这样一来，自己的意图反而完全暴露在了对手的眼中，可谓险棋，于是如履薄冰、全神贯注地步步落子，可在高手眼中，这种拍脑袋的战术完全就是以卵击石，可由于没有什么像样的战略，因此只能硬着头皮上，结果愈发险象环生。

在惊觉自己上述的失误后，我开始认识到了制定战略的重要性。简单来说，从京瓷现有的基础出发，想方设法把"跳"完的棋子连起来，就能保住落下的棋子。只有在这种时候，我才会思考和运用战术。除此以外，我依然会以感性的角度来做出判断，而这恐

⊖ 围棋术语，向一个方向（横或竖）离自己的子隔一个或多个交叉点走叫作"跳"，隔一个交叉点走叫一间跳，也就是通常说的跳或小跳；隔两个点走叫二间跳，也就是通常说的大跳；隔三个点走叫三间跳，以此类推。——译者注

怕是各位最为排斥的方法。可战略一旦制定完毕，我就会付出不亚于任何人的努力，想方设法让落子连成一片，从而取得胜利。

支撑企业的本质要素

在座的各位在分析企业经营状况时，按照各位的要求，企业会公开各种信息。在现实中，有的企业或许不愿公开足够让各位满意的详尽数据，但不管怎样，各位还是会从各个角度对其进行分析，而在我看来，无法用数字说明的东西，往往蕴藏着巨大价值。那些数字报表只是企业经营状况的表象，好比冰山一角。真正支撑企业的、更本质的部分在于经营管理者的思想、哲学以及情感。

鉴于此，在实际评估企业时，除了分析各种数据外，还应该对企业经营活动中难以量化的"基础性因子"予以研究和讨论。在我看来，这点至关重要。在冰冷数据的背后，究竟隐藏着怎样的本质？为了回答这个问题，我想结合具体事例进行讲解，希望能为各位带来一定的参考价值。

首先，我向各位介绍一下京瓷现在所开展的各种业务。当前，京瓷最大的业务是半导体陶瓷封装（ceramic package），还有其他（排名不分先后）各种用于电子领域的陶瓷部件和电子元件。此外，液晶显示装置和传真设备也在近期开始量产。

然后是用于传统制造业的陶瓷结构部件、切削工具以及诸如人工关节和人工牙根等生物陶瓷产品，还有最近开始受到瞩目的太阳能电池业务以及主打Crescent vert品牌的再结晶宝石类饰品。不仅如此，京瓷还生产手机、PHS（小灵通）以及通信地面站和通信基站设备，这块业务最近势头良好，有效拉动了整个集团的总体业绩；在自动化办公领域，京瓷旗下的 ECOSYS 打印机受到青睐，其无须更换硒鼓的设计十分环保；在照相器材领域，京瓷则在生产康泰时（Contax）牌高级照相机⊖。

以上是京瓷集团的业务范围。此外，第二电电和 Taito⊖ 为独立于京瓷的"联合集团成员"，前者开展通信服务业务，后者开展电子娱乐业务。

总之，不管是京瓷集团，第二电电集团，还是 Taito 集团，这些都是我以会长身份直接参与经营的集团，我姑且把它们统称为"稻盛集团"。在各位看来，"稻盛集团"的说法或许有点狂妄自大，但这样更便于说明它们的事业规模，所以还请各位海涵。

如今的京瓷集团由 74 家子公司和 10 家关联企业构成，海外生产基地有 13 处，海外工厂有 32 家，海

⊖ 康泰时原为德国相机品牌，隶属于蔡司（ZEISS），后来成为京瓷旗下品牌。——译者注

⊖ Taito 的英文名为"Taito Amusement"，是一家从事电子游戏及街机游戏制作的公司。——译者注

外营业网点有 70 处；第二电电集团由 18 家子公司和 2 家关联企业构成；Taito 集团由 3 家子公司构成。整个"稻盛集团"的员工数大约为 39 000 人，其中大约半数是外国人。换言之，"稻盛集团"已经迈向了国际化，其国内外规模几乎各占一半。

"稻盛集团"的销售额稳步增长，本年 3 月的年度财报显示，其合计销售额为 11 000 亿日元，预计明年同期的年度总销售额有望达到 13 700 亿日元。

至于"稻盛集团"的税前利润，按照本年 3 月的年度财报，其账面合计总值为 1598 亿日元，至于明年同期的税前利润，算上美国子公司 AVX 在纽约证券交易所重新上市所带来的收益（这点后面会详细讲解），预计可达 1988 亿日元。

"稻盛集团"的业绩之所以能够如此稳步提升，主要归功于两方面：一是京瓷在拓展海外业务方面较为顺利；二是在电气通信事业方面蒸蒸日上。

拓展海外业务的案例之一：收购仙童半
导体公司的陶瓷封装工厂

接下来，我想先向各位介绍京瓷在拓展海外业务方面的具体案例。

迄今为止，京瓷在拓展海外业务时，并不单纯以寻求廉价劳动力为目的，因此建厂选址从未以东南亚地区为中心；反之，由于京瓷最大的海外市场是美国，因此京瓷一直把美国作为海外生产的中心据点。换言之，哪里是市场，就在哪里建厂。通过这种方式，一能更好地为客户服务，二能为当地的产业和经济发展做出贡献，而这两点是京瓷海外生产规划的前提。但最近由于日元急剧升值严重扰乱了市场价格，因此京瓷也在探讨对策，包括今后在人力成本较低的发展中国家建厂的可能性。

在 1959 年创立京瓷时，我还只有 27 岁。当时在日本国内，人们并不看好从事精密陶瓷生产的初创企业。另一方面，当时不少日本本土的电子产品制造商都会寻求与美国企业的技术合作，包括技术引进等，换言之，与现在不同，当时在电子产品领域，美国是日本的学习对象。鉴于此，我在想，如果能让美国企业率先接受和采用陶瓷元件，那么作为其"学生"的日本企业自然会积极效仿，那么京瓷就能打开在日本国内的产品销路。基于这样单纯的推论，在公司创立的第 3 个年头（当时员工总数不到 100 人，年度销售额不过 8000 万日元上下），我就已经开始拓展美国市场了。

到了京瓷创立的第 10 个年头（1968 年），公司在旧金山南部的森尼韦尔（也就是硅谷的中心地区）设立了销售网点。到了 1971 年，公司开始在美国生产用于半导体的陶瓷封装部件。在 20 世纪 70 年代初，在海外（尤其在美国）设立生产基地的日企可谓凤毛麟角，特别是像当时京瓷这种销售规模较小的中小型零部件生产商，实在是史无前例。

京瓷之所以会在美国建立生产基地，其实完全是我的率性而为。20 世纪 50 年代，美国研发出了可以代替锗晶体管的硅晶体管，其为硅半导体的前身。当时该项目由美国电话电报公司（AT&T）旗下的贝尔实验室负责。后来，该实验室的不少专家相继自主创业。为了实施新项目并寻找投资者，他们聚集到了美国西海岸的一处，也就是如今的硅谷。当时，由生产航拍设备的仙童摄影器材公司（Fairchild Camera and Instrument）出资，已故的罗伯特·诺伊斯（Robert Noyce）先生（后来成了英特尔的创始人之一）等一众专家创立了仙童半导体公司（Fairchild Semiconductor）（以下简称仙童公司）。这些专家都是业内精英，他们日后成了整个硅半导体产业的元老级人物，并且成就了如今世界闻名的半导体产业圣地——硅谷。

早在诺伊斯先生还负责仙童公司的技术部门时，该公司便已经开始量产硅晶体管，和锗晶体管相比，其性能更高且更为耐用，但它需要嵌套在一个陶瓷材质的容器中，该容器叫作"硅晶体管陶瓷端头"，于是我前去推销自家产品。于是乎，京瓷一边和美国的精密陶瓷生产商展开竞争，一边在日本本土投产相关产品。这也是京瓷与半导体产业的第一次亲密接触。

1971 年，京瓷在美国办厂。那一年，德州仪器（Texas Instruments）公司发布了革命性的产品——把 4 个晶体管集成在 1 片硅片上的集成电路，作为全世界首个微型运算处理装置（MPU），其在业内引起了轰动。仙童公司自然不甘落后，开始研发更为先进的同类产品。不久后，集成了十几个晶体管和二极管的产品问世，也就是大规模集成电路（LIS）的雏形。

当时，选择封装的容器成了一个大问题。经过一番讨论，京瓷和仙童公司得出的方案是"引脚封装"，即以陶瓷为基底，并在基底和电容之间嵌入金属材质的引脚。该工艺的技术难题在于填充，即如何填满基底、电容与引线框架之间的空隙。

当时有人提出使用较为耐用的低熔点玻璃。那时，美国的欧文斯伊利诺斯公司⊖在生产这种低熔点玻璃，于是我们采购那家公司的产品，用于密封陶瓷和引线框架之间的空隙，这也是如今广泛使用的"陶瓷双列直插式封装"（CERDIP）工艺的鼻祖。

当时，陶瓷材质的电容和基底由京瓷生产，玻璃由欧文斯伊利诺斯公司提供，引线框架则由周边地区

⊖　欧文斯伊利诺斯，英文名为 Owens-Illinois Inc，是世界知名的玻璃制品生产商，总部位于美国俄亥俄州托莱多市。——译者注

的金属加工商提供。就这样，仙童公司开始了基于"CERDIP 工艺"的 IC 封装生产。

由于仙童公司参与了整个工艺的制定过程，因此对生产流程了如指掌。于是，不久之后，他们向京瓷采购陶瓷部件，再加上从欧文斯伊利诺斯公司那里采购的玻璃，就能自行封装了。可当时的半导体业已经开始呈现不稳定的趋势，市场需求和产品销路就像坐过山车一般，忽上忽下。如今，人们用"硅周期"这个词来表示半导体业的行情变动，当时虽然还没发明这个词，但类似的现象已经产生。

简单来说，因为销路好，所以就提高产量，结果导致供应量饱和，于是销量骤然下跌，最后不得不停产，这个过程反反复复。

为了能够进行陶瓷双列直插式封装，当时的仙童公司在圣迭戈建立了工厂，而京瓷则为该厂提供陶瓷部件；与此同时，京瓷也向仙童公司提供已经封装好的成品。据我估计，当时仙童公司自家封装和京瓷封装的成品比例大致为 5∶5。

可随着半导体业行情的急剧波动，仙童公司逐渐难以维持自家封装工厂的运营，于是前来询问我是否有意买下他们位于圣迭戈的工厂。

我当时认为，京瓷还不具备在美国运营工厂的能力，因此表示拒绝，可对方锲而不舍。刚才讲到，京瓷已经在旧金山设立了销售网点，对方说会在旧金山安排专机，请我直飞圣迭戈视察工厂，既然这么有诚意，我便前去了。视察完毕后，对方问我有何感受和意见，于是我直言不讳地指出了工厂各方面的问题，并提出了改良意见。结果对方大喜，对我说道："不出所料，果然您也这么认为啊。既然如此，您就买了吧。"事后，我思考了一番，觉得对方毕竟是京瓷的客户，于是还是决定买下工厂。

由于我当时在美国的人脉还比较有限，因此无法在当地找到能够运营工厂的对口人才，所以我提出了两个收购条件：其一，让仙童公司的半导体技术人员梅尔·柏曼（我和他认识）担任工厂主管；其二，清空工厂里的所有剩余库存。

由于是未经理性计算的率性而为，可以想象，后来为了运营这家工厂，我可谓吃尽苦头。工厂一开始赤字连连，作为激励，我还特意给了工厂主管股票期权，可他或许觉得工厂已然无望——还不到一年，他便辞职走人，连股票期权也不要了。

这便是京瓷最初在美国设立生产基地时的境遇。如今，这家位于圣迭戈的工厂业绩出色，获得了极大成功，其重要客户包括英特尔公司。大家知道，英特尔目前在制造名为"奔腾"（Pentium）的微处理器，而该工厂便在为其提供封装外壳。这种封装工艺名为PGA（Pin Grid Array），意为"插针网格阵列封装"，其引脚多达数百根，工艺难度和要求极高。

如今，可以说该工厂是京瓷"海外战略"的成功案例，但就像我刚才讲的，其实一开始根本就没有什么战略，我之所以会买下工厂，只是受客户之托，碍于情面而已。

进入 20 世纪 70 年代，各种初创企业如雨后春笋般在硅谷诞生。以硅晶体管制造为代表的产业欣欣向荣，许多精力旺盛的年轻企业家聚集于此，先后建立属于自己的"王国"。而最大的发展原动力则来自仙童公司的一批技术专家，他们纷纷开拓细分市场，建立了各种新兴的初创企业。

这些仙童公司的元老中，有一些来自贝尔实验室，其中的罗伯特·诺伊斯先生实在可圈可点，他日后成了英特尔公司的创始人之一。我依然记得，他当年曾特意来京都拜访我，为了祝福他前程似锦，我当时为他设宴，席间还说了许多激励他的话。

他们在各自创立的企业中继续研发各种先进技术，一旦有更好的集成电路（IC）解决方案问世，霎时间就会成为市场的爆款，于是各家企业不约而同地提高产量，使得市场需求迅速趋于饱和，结果行情大跌，这样的波动起伏可谓反反复复。这也苦了京瓷这样的供应商——销路良好时，封装的订单络绎不绝；一旦销量暴跌，订单便在瞬间被取消，之前的"香饽饽"成了"万人嫌"。有时连生产加工委托书都已签订，且已经完成了生产和入库，就等按计划发货了，可客户却突然说"都不要了"。如此过分的事情，我都经历过。

如今，京瓷已经在陶瓷封装领域拥有较高的市场占有率，可当时并非如此，有数家美国本土的陶瓷元件制造商与京瓷展开竞争。但那些半导体行业的年轻企业家所提出的要求实在太过苛刻，导致那些美国供应商无法忍受，最终不再生产用于半导体的陶瓷元件。

那些美国同行们一旦碰到客户突然取消订单，就会提起法律诉讼。在美国人的意识中，供求双方是绝对平等的，因此类似的矛盾非常容易发展成官司。这样一来，双方的信赖关系就会受到损害。

京瓷则不同，即便在美国，也按照重视人情的"日式经商之道"对待客户。迄今为止，京瓷已经在美国市场摸爬滚打了 30 个年头，但一直未被美国的商业习惯所同化，而是坚持自己的原则，因此获得了巨大的市场份额。这样的成绩不是靠算计得来的，而是重人情的结果，即"想客户所想，急客户所急"。但该过程绝非一帆风顺，中间也发生过让人感到挫败的小插曲。

我记得那是在 3 年前，也就是 1992 年，当时美

国的一家名为"Coors"的陶瓷元件制造商和另一家
公司杀入了美国的半导体陶瓷封装市场，却持续亏
损，经营一直不见起色。结果两家公司联合向当时
的克林顿总统提交请愿书，请愿书的大致内容如下：
"日本产的陶瓷封装产品在美国占据了较大的市场份
额，万一日方提供的出口量减少，或者日方对美方
实施禁运，那将会危及美国的国防安全。出于国家
安全的考虑，呼吁美国政府对京瓷的产品实施反倾
销调查。"

我们当时驳斥道："京瓷为美国的半导体业提供
基础元件，其结果只能是支撑产业发展，而绝不可能
威胁到美国的国家安全。"

对于此事，当时的美国半导体行业协会（SIA）对
美国政府表明了支持京瓷的立场。不仅如此，作为半
导体产品采购者代表的美国电子工业协会（EIA）和
美国航空航天工业协会（AIA）等机构也向美国商务

部递交了声援京瓷的报告书，他们在报告书中指出："假如（商务部）不加分辨地听信那两家公司的一面之词，将会造成极大的负面影响。"多亏了各界的支持和帮助，这件事情最终得以顺利解决。

刚才说到，即便在美国，我也仍然坚持重视人情的"日式经商之道"，竭力满足客户的要求。等到京瓷有难时，他们便纷纷伸出援手。这既在意料之外，也在意料之中。平时种下的善因，自然会结出善果。

拓展海外业务的案例之二：通过交换股份收购 AVX 公司

在座的各位分析师想必已经知晓，就在不久前，京瓷的美国子公司——AVX 已经在纽约证券交易所重新挂牌上市。我想讲一下整件事的来龙去脉，因为这是一个非常典型的案例，它体现了"为他人着想"

（即"体谅之心"）在商业社会中的重要性。

AVX 是一家美国本土的陶瓷电容器制造商，于 1990 年被京瓷收购，其原本与京瓷存在竞争关系。AVX 的现任总裁是马歇尔·巴特勒（Marshall Butler）先生，他曾担任弗伦奇敦陶瓷公司（Frenchtown Ceramic）的社长，那家公司位于美国东海岸。刚才讲到，京瓷曾经向仙童公司供应用于生产硅晶体管的陶瓷端头，而当时的弗伦奇敦陶瓷公司是竞争者之一，他们起初也向仙童公司供应同款零部件，后来败给京瓷，最终放弃了生产精密陶瓷元件的业务。马歇尔·巴特勒先生也离开了那里，去另一家公司当高管，但他自始至终都没有离开陶瓷行业。换言之，比我年长 5 岁的他，一直和我保持着直接或间接的竞争关系。

大约 6 年前，我对他说："正可谓不打不相识，这么多年来，咱们一直在各方面互相竞争，但我希望今后咱们能同心协力，为电子产业的发展做出贡献。请莫见怪，我打算收购你的公司，然后一起开拓事业。"不久后，他表示同意，于是双方开始谈价钱。

当时的 AVX 公司是纽约证券交易所的上市企业，而其在过去 4 年内的股价一直在每股 16 美元至 20 美元之间波动。经过谈判，双方决定，将初步意向价格定为"每股 20 美元的基准价 + 五成增幅"，即每股 30 美元，但在谈判推进的过程中，巴特勒先生却说："30 美元还是太低了，能否再加点？"于是我问他的理想价格是多少，结果他答道："希望能在基准价上再加一成，即 2 美元，所以最终收购价是每股 32 美元。"对此，他解释道，AVX 毕竟是纽约证券交易所的上市企业，拥有不少大股东，在向他们说明京瓷对 AVX 的收购行为时，倘若没有一个好价格，恐怕股东们会难以接受。

我理解他的立场和顾虑，不仅如此，为了让收购

后的企业保持盈利，双方开展了更为深入的讨论。由
于京瓷是以美国存托凭证[⊖]（American Depository
Receipt，ADR）的方式在纽约证券交易所上市的，
因此可以用交换股份（即京瓷的 ADR 和 AVX 的股
份）的方式来代替现金收购，从而实现名义上的"企
业合并"。

不采取现金收购（cash deal）可谓互惠互利，因
为收购方无须准备巨额现金。此外，如果用现金收
购，那么从交易成功的第二天起，整个 AVX 公司就
成了京瓷的囊中之物，是一种赤裸裸的从属关系；反
之，如果采取交换股份的方式，那么 AVX 的股东
就会变成京瓷的股东，从而淡化了"吞并与被吞并"
的概念。在我看来，对 AVX 的股东而言，这种方

⊖ 存托凭证又称存券收据或存股证，是指在一国证券市场
流通的代表外国公司有价证券的可转让凭证。美国存托
凭证 (ADR) 是面向美国投资者发行并在美国证券市场交
易的存托凭证。——译者注

式显然更好，对方最终也接受了该提案。于是双方决定，在当年年底以每股 32 美元的价格实施"企业合并"。

可就在收购日（完成合同签订及结算清账）日益临近时，纽约股市整体陷入低迷，京瓷的 ADR 股价从每股 82 美元跌至每股 72 美元。眼看再过两三天就要完成股份交换的准备工作了，巴特勒先生却提出："虽然我们已经定好了'82 美元：32 美元'的交换比率，但我现在希望能以京瓷当前的挂牌价交换，即'72 美元：32 美元'。"

"且慢，"我回应道，"你们 AVX 公司在发表合并事项后，便早早停牌退市。否则，在如此不景气的股市行情下，你们的股价势必也会下跌。换言之，京瓷的股价之所以跌，不是因为京瓷的业绩恶化，而是股市的整体低迷所致。假如你要求京瓷的比率改成 72，那么我觉得 AVX 的比率也要相应下调，这样才合理吧。"对此，他说道："你的话的确有理，但从当前情况来看，假如不能以'72美元：32美元'的比率交换，我们公司的股东肯定不太乐意。"

当时，京瓷方面的律师也坐在我身旁，可能害怕我又答应对方的要求，他一直在偷偷用手指戳我，但我心里很明白，假如换位思考，站在对方股东的角度，的确如巴特勒先生所言，是"不太乐意的"。于是我在心中打稿计算，结果发现，即便以对方要求的比率交换，依然不影响企业在合并后的正常运作，所以最终答应了该要求。那名律师则对我颇为不满，当时对我说道："我实在无语了。该说您是好好先生呢？还是感情用事呢？反正希望您以后别再这样了。"话虽如此，他还是按照我的要求办好了相关法律手续。

双方顺利合并的当天，我前往南卡罗来纳州，那里是AVX的总部和工厂所在地。我发现当地民风保守，并且透着一股稳重的气质。工厂中有几名与我年龄相仿的日本女工，她们在第二次世界大战期间嫁给美国军人，之后随丈夫定居美国，也就是所谓的"战时新娘"。我一到工厂，便受到了全体员工的热烈欢迎，由于 AVX 的经营层和大股东都对本次合并表示满意，想必这样的欣喜之情也感染了员工，这也是我最为欣慰之处——面对一名作为新老板而突然出现的日本人，所有员工不但没有摆出"如临大敌"的排外阵势，反而极为轻松友好地予以接纳和欢迎，就像欢迎一位远道而来的好朋友一样。

人与人之间存在诸多差异，包括人种、语言、文化、历史，以及宗教背景等差异，虽说都是人类，但在哲学和思想方面会产生冲突。在这样的环境下，该如何管好员工呢？

究竟是凭借理性智慧来"以才治人"？还是像古代东方圣贤那样"以德服人"？我一直认为，只有尊重别人，才能获得别人的尊重，因此对我而言，答案不言而喻。换言之，日本企业家要想在欧美等先进国家和地区顺利开展业务，就必须赢得超越人种和理由的赞赏和尊敬。

话虽如此，但实现起来十分困难。当年在收购仙童公司的圣迭戈工厂后，为了让当地员工能够打破思维局限、接受京瓷哲学，我非常努力地宣传和讲解。可由于意识形态和宗教背景的差异，我越努力讲，员工就越抵触，这一度让我十分苦恼。但 AVX 公司的情况则不同，按照谈判时商定的条件，两家公司合并后，既不变动 AVX 的高层干部，也不"空降"京瓷方面的日本高管，因此整个 AVX 公司的员工都对我抱有好意，或者应该说对京瓷抱有好意，这就为普及京瓷哲学创造了先决条件，换言之，对于我说的话，AVX 的员工是会积极倾听的。于是，我开始向巴特勒先生麾下的高管和员工们宣传京瓷哲学。

提到哲学，人们往往会觉得是一种说教，因此不少人难以接受，或者充耳不闻。但在 AVX 公司，当我讲起京瓷哲学时，众人却非常配合，几乎个个认真倾听。但毕竟是在美国这样的西方资本主义大国讲解提倡"隐忍""禁欲"的东方哲学，听者多多少少会有点抗拒。每当碰到这样的争议点，我就会花费足够的时间进行开放式讨论，直到员工们真正理解和接受为止。

我通过这样的方式，保证京瓷和 AVX 以统一的思维方式和哲学思想开展经营，其成果十分显著。AVX 被收购的前一年（1989 年）销售额为 41 200 万美元，而本年度（1995 年）3 月的财报显示，其销售额为 98 800 万美元。在短短 5 年间，其销售额提升至大约 2.4 倍。预计明年（1996 年）的同期销售额将达到 11 亿美元。

至于税前利润，在被京瓷收购前，AVX 一直徘徊在盈亏之间，在被收购的前一年（1989 年），其税前利润为 2000 万美元，而本年度（1995 年）3 月的财报显示，其税前利润已增至 11 000 万美元。换言之，在短短 5 年间，其税前利润大幅提升至 5.5 倍。预计明年（1996 年）的同期利润将达到 17 000 万美元。

可见，在被京瓷收购后的 5 年间，AVX 的业绩大幅提升。此次让 AVX 重新在纽约证券交易所挂牌上市，也是为了进一步激励 AVX 的经营层和员工。当时，作为账簿管理人的美林证券（Merrill Lynch）建议的开盘价为每股 26 美元，而在我看来，既然企业上市是喜事，那么就应该与更多的投资者分享快乐，于是我故意减少 50 美分，把开盘价定为 25 美元 50 美分。上市后的短短数周内，股价便一路飙升，目前已将近每股 32 美元。

假如以每股 32 美元换算，那么 AVX 的总市值则为 287 000 万美元。1990 年，京瓷以交换股份的方式收购 AVX 时，其折算的收购金额为 58 000 万美元。

换言之，短短 5 年后，AVX 的企业估值大约是之前的 5 倍。伴随着 AVX 此次重新上市，京瓷抛售了所持股票的一部分，大约套现了 265 亿日元，再加上京瓷依然持有不少 AVX 的股份，作为账外利润，其总额约为 1460 亿日元。

回顾五六年前，可谓是日本泡沫经济的顶峰期，当时收购美国企业的日本企业不在少数，可由于之后日元升值及泡沫破灭的影响，其中大多数都蒙受了巨大损失。在我看来，正是因为我在收购 AVX 的过程中始终不拘小节、体谅他人，以一颗利他之心为对方着想，所以才收获了如此圆满的善果。可见，要想经营好企业，在制定相关战略之前，首先要贯彻以人为本的精神。这种精神并非只是单纯的"讲面子"或"重人情"，而是基于利他之心、体谅之心的思想和哲学。

通信事业战略案例之一：第二电电

刚才花了很长时间讲述京瓷的海外战略，这导致我不得不压缩接下来要讲的通信事业。那么抓紧时间，我就先讲第二电电的事业发展。

纵观第二电电的销售额，自创立伊始至今，一直在稳步增长。今年3月的年度财报显示，其总销售额已增至3778亿日元。

至于营业利润，即便经历了数次话费下调，其利润依然高达359亿日元。要问第二电电为何会如此成功，其实与京瓷的海外事业类似——起初并没有制定什么战略。

在座的各位中，想必有人对第二电电创立的动机有所耳闻，其实很单纯，当时日本的长途电话费太过高昂，老百姓深受其苦，于是我决定加入市场竞争，从而把话费降下来。换言之，我当时之所以出手，完全是为了造福大众。当时，电电公社（NTT）在业内拥有绝对的统治地位，因此我的挑战就如同是"堂吉诃德战风车"。

不久后，其他大企业也纷纷加入竞争，它们与建设部和道路公团联手，沿着日本的高速公路网铺设通信光纤；此外，拥有先天资源优势的日本国铁旗下企业也参与其中。与之相对，京瓷的基础极为薄弱，既无法利用新干线铁路网，也无法利用高速公路网。但由于我创立第二电电的动机极为纯粹，因此能够做到心无杂念，反而越挫越勇。

鉴于现实条件的局限，第二电电只能在山顶之间架设抛物面天线，然后依靠微波来承载信号。通过这样的方式，硬是建成了东京－名古屋－大阪之间的长途电话通信线路。

国铁旗下的企业沿着新干线铺设光纤，与道路公团联手的大企业沿着高速公路铺设光纤；与之相对，第二电电的员工只能在一座座山头高空作业，夏季烈日暴晒、蚊虫叮咬，冬季寒风凛冽、暴雪如刀，遇到没有山路的险峻之地，只能用直升机运送建材。在如此艰苦卓绝的环境下，第二电电的员工搭建铁塔、架设抛物面天线的施工难度可见一斑。即便如此，我们依然和其他两家竞争企业同时完工和运营。

"不管条件多么恶劣，绝对不能延误工期"，凭着这股坚强的意志，第二电电最终按时完成了任务，也正是凭着这股坚强的意志，第二电电的业绩才能一路走高，且在从事长途通信业务的新兴企业（即除去改制重组的 NTT）中保持着第一位的市场占有率、第一位的销售额以及第一位的利润。在旁人眼中，通信行业或许是个尔虞我诈、无序竞争的世界，但倘若想在其中胜出，反而应该以单纯明快的哲学处事。

通信事业战略案例之二：移动电话事业

在第二电电创立之初，除了固定电话外，市面上唯一的移动电话是极为笨重的车载电话，但从那时起我就确信，在不久的将来，势必会出现小巧轻便且使用简单的小型移动电话，使人们无论何时何地都能用电话沟通。之所以会这么想，是因为京瓷是半导体产业链中的重要供应商，这让我在硅谷亲眼见证了半导体业从无到有、从弱到强的发展历程，我知道，通过技术革新，集成电路的精密程度会以几何级数上升。因此我当时推测，不用 5 年，需要汽车后备厢才能装下的信号收发器势必能够集成到便携的手持设备中。换言之，移动电话会从车载电话进化为手持电话。正是由于这样的自信，我很早就决定进军移动电话领域。

当时第二电电刚创立不久，还未正式开始营业，因此公司上下几乎都反对我的决定。但我坚信手持电话的时代即将来临，于是我一边劝说和鼓励他们，一边毅然进入移动通信领域。

当时，有一家和京瓷同时期进军通信领域的公司。我们和对方都想在关东及东海地区开展业务，可当时政府规定，两家新兴通信企业开展业务的地区不可重合，因此迟迟不予批准。我觉得这样争下去也不是办法，所以把最为有利的关东和东海地区让给了对方，剩下的地区归京瓷。于是我们北至北海道，南至冲绳，把运营地区分为 8 大块，并分别建立了 8 家 Cellular 电话公司，从而如火如荼地开展事业。

1981 年，日本的车载电话市场被 NTT 垄断，市场规模为 13 万部，普及率仅为 0.1%。与各发达国家相比，这一数字非常低。当时美国的市场规模为 123

万部，普及率为 0.5%；英国的市场规模为 26 万部，普及率为 0.45%。

之后，移动电话的主流渐渐从车载电话变为手持电话（也就是如今的手机）。在日本，仅仅在去年一年内，就有 220 万部新手机售出。特别是在进入今年后，手机的市场规模可谓急速扩大。根据数据统计，截至去年年末，日本售出的手机数量合计为 433 万部，普及率接近 3.5%。到了今年，该数字呈爆发式增长。截至今年 7 月末，手机总销量将达到 582 万部，普及率为 4.7%；而到今年年末，预计总销量将逼近 600 万部，普及率大约可提升至 5%。

至于 8 家 Cellular 电话公司的正常收入状况，最初 3 年间的确存在赤字，到了第 4 年便扭亏为盈，之后收入稳步增长。今年 3 月的年度财报显示，8 家公司的正常收入总额为 410 亿日元。

不能单纯用数字来判断企业的业绩

时间不多了，前面说了一大堆，在各位眼中，我讲的内容或许缺乏条理且过于感性，但正因为在座的各位都是精通计算且讲究逻辑之人，我才特意要讲这样的内容。

在企业的实际经营中，很大一部分因子是无法用数字衡量的。希望各位以后在考察各家企业的业绩时，也能把这些无法用数字呈现的要素也考虑在内。恕我多言，我相信这样能够提升分析结果的正确性。

要 点

今天全力以赴，就能看清明天；当月全力以赴，就能看清下月；今年努力奋斗，明年就会豁然开朗。但2年后、3年后，甚至5年后的事情，只能是"凡人不得知，唯有天晓得"了。

○

在实施新计划时，我首先会自问是否"动机至善"，然后思考"天时、地利、人和"这三要素是否到位；同时还会尊重对方的立场，为对方着想，即必须坚持以"利他之心"来判断和处理各种情况。

○

数字报表只是企业经营状况的表象，好比冰山一角。真正能够体现企业价值并支撑企业的本质要素是趋于感性的，包括管理者的思想、哲学以及情感特质。所以在实际评估企业时，除了分析各种数据外，还应该对企业经营活动中难以量化的"基础性因子"予以研究和讨论。这点至关重要。

○

人与人之间存在诸多差异，包括人种、语言、文化、历史，以及宗教背景等差异，虽说都是人类，但在哲学和思想方面会产生冲突。在这样的环境下，要想管好员工，就必须通过"哲学修身"来获得他们的尊重。换言之，必须赢得超越人种和理由的赞赏和尊敬。

京瓷的国际并购战略

关西商界俱乐部第 140 届例会演讲
——1990 年 5 月 30 日

　　所谓"商界俱乐部"是商业杂志《经济界》于 1975 年创办的活动，旨在促进企业家之间的相互交流，从而建立亲密的合作伙伴关系。受关西支部的邀请，稻盛参加了第 140 届例会，并做了有关京瓷并购（M&A）战略的演讲。

　　在演讲中，稻盛提及了与 AVX 合并的案例，并指出实施并购时的判断基准——关键是"体谅"与"善念"。

京瓷是如何实施并购的：收购艾科的经过

今天，受主办方之托，我将以"京瓷的国际并购战略"为题，向各位讲述一下我的经历和经验，希望能为各位带来一定的参考价值。

去年 8 月，京瓷通过现金收购的方式将电子连接器制造商艾科公司（ELCO International Corporation，以下简称"艾科"）收入麾下；今年 1 月 31 日，京瓷又与 AVX 公司以交换股份的方式合并。接下来，我打算以这两件事为例，向大家介绍一下我们京瓷是基于怎样的思想及怎样的方式来实施并购的。

当时，由于艾科隶属的母公司经营状况恶化，导致其不得不成为被变卖的对象。其实艾科是母公司旗下最赚钱的企业。但母公司为了重振业绩，不得不"壮士断臂"。在美国，类似的商业案例并不少见。

通过证券公司，我们得知了艾科待价而沽的消息，于是开始考虑实施收购。

艾科主要生产电子连接器，这是各类电器中的关键部件。鉴于其形状，也有人把它叫作插头（plug）或插座（jack）。其结构非常紧密，且广泛用于电脑和家电产品中。京瓷虽然也是电子部件的生产商，但之前从未涉足电子连接器的领域。如果艾科能成为京瓷集团麾下的一员，那么京瓷就能确立自己"综合性电子部件生产商"的地位。

其实从很早之前起，我就一直希望进军电子连接器市场，因此在听说艾科将被出售的消息时，立刻参与了竞购。当时我对负责竞购的部下说道："凡事不可强求，看（竞购时的）实际情况，万一竞购失败也没关系。"结果运气不错，我方负责人的出价比其他公司高一些，且正好与投标价一致，于是收购成功。

艾科公司虽然规模不大，但在国际化方面却走得较远，其在日本、美国、德国和韩国都设有工厂。虽说此次竞购成功包含一定的运气成分，但也多亏了证券公司和银行等机构从中牵线搭桥，因为此次并购采用的是较为常见的"委托中介"方式。

为了将来的发展：与 AVX 合并的背景

在收购艾科后不久，京瓷又与世界知名的电容器制造商——美国 AVX 公司实施了合并。该公司主要生产陶瓷电容器和钽电容器。在电子部件中，电容器属于不可或缺的核心部件，而在该领域，AVX 可谓美国第一。

该公司的会长是巴特勒先生，他与我之间因缘非浅。早在 20 多年前，我头一次去美国时，他就带我参观工厂，当时他是弗伦奇敦陶瓷公司的社长。后来，弗伦奇敦陶瓷公司在与京瓷的竞争中惜败，公司业绩低迷，最终破产。

巴特勒先生则去了一家名为"阿洛里安"（Aloian Limited）的英国公司，任社长一职；后来他跳槽到了AVX，任会长一职。阿洛里安公司生产和销售白金及黄金材质的电子浆料（厚膜材料），是京瓷的原料供应商之一。换言之，对巴特勒先生而言，在"弗伦奇敦时期"，京瓷是竞争对手；而在"阿洛里安时期"，京瓷则是重要客户。就这样，我与他保持了20多年的交情。在我看来，他是个雷厉风行且争强好胜的人。

自创立伊始，京瓷便一直在与电子元件打交道。如今，京瓷已然成为一家在纽约证券交易所上市的集团性企业，除生产陶瓷电容器、寄存器、共振器、过滤器等无源器件外，还生产用于液晶产品、传真机及打印机的热转印打印头等电子设备元件，拥有综合性的电子元件生产能力。去年的年度财报显示，所有电子元件的销售额接近集团总销售额的 20%。

再说 AVX，刚才已经提到，其既生产与京瓷存在竞争的陶瓷电容器，也生产京瓷所没有的钽电容器。如果两家合并，京瓷电子元件业务的销售额将是之前的 2 倍，其在集团总销售额中所占的比率也会增至 40%。换言之，这将使京瓷成为全世界电子元件制造商中的翘楚。

此外，除了生产电子元件和电子工业所需的陶瓷材料，京瓷同时还消费这些电子元件和材料，用于生产诸如通信器材及自动化办公机器等成品。但由于京瓷是靠陶瓷元件起家的，因此我把元件视为公司的立足之本，在我看来，为了让京瓷在将来能获得长足发展，无论如何都必须着力巩固电子元件业务。

由此，我得出的结论很明确——"应该进一步强化与电子元件相关的业务。按照现有规模，京瓷仍未充分具备在国际市场竞争和发展的实力，因此至少还需要将自身规模扩大 1 倍左右。"

"半导体乃产业之米"：与 AVX 合并的开端

抱着这样的想法，到了去年年初，我前往美国的京瓷工厂视察时，和京瓷美国分公司的罗德尼·兰森（Rodney Lanson）社长进行了一次谈话，他负责统管京瓷集团位于美国的所有企业。

我当时说道："我希望提升京瓷在电子元件领域的业务规模和范围，使其成为世界不可或缺的供应商。人们常说'半导体乃产业之米'，既然如此，电子元件就是'产业的小麦和大豆'。今后，全世界的电子产业将会取得更为惊人的发展，而支撑这种发展的基础便是高性能的电子元件。京瓷要想根基永驻，关键要扩大规模，成为受到全球客户信赖的电子元件供应商。人们普遍以为电子元件制造商只是成品装配商的下手，以较低的价格走量，做的是利润微薄的'幕后工作'，但我认为，看似不起眼的电子元件反而有利可图，因为其生产和工艺依然存在改善空间，只要努力使各道工序合理化，就势必能大幅提升利润率。如果 AVX 能和京瓷合并，京瓷未来的发展会非常值得期待。"

于是兰森社长说道："我听说 AVX 的巴特勒会长和您熟识多年，下次我去纽约的时候，找个机会和他直接面谈，您看如何？"我答道："AVX 是纽约证券交易所的上市公司，如今业绩卓著。况且虽说我俩有交情，但毕竟 20 多年前互相竞争过，搞不好他如今还有点耿耿于怀。所以说，如果你贸然拜访，对方可能不太会搭理你。"可他似乎心意已决，对我说道："不管怎样，我打算找个机会。您放心，一开始我会说'只是想见见稻盛会长的老朋友',以这个理由见到他后,我会在闲谈间不经意地抛出正题,从而确认他的意向。"既然他这么说,我也就不加阻止了,只是提醒他"目前先别急着去"。

可到了那年夏天,兰森社长又迫不及待地打电话给我,他说:"关于您春天提起的那件事,我还是觉得应该尽快去和巴特勒会长谈。"我当时依然叫他切勿操之过急,可他后来还是经常来探询我的态度,最后我予以了批准,对他说:"你先去谈谈吧。"

于是他立即前往 AVX 公司与巴特勒会长会面,结果反而是巴特勒会长率先切入正题,他对兰森社长说道:"我和你们会长是 20 多年的老友了,曾经还是互不相让的竞争对手,但直到如今,我都非常尊敬他。对了,你这次是来干什么的?你们在美国拥有大约 10 家子公司。最近我听说,其中位于华盛顿州温哥华市的陶瓷电容器制造工厂情况不妙,在我看来,这样下去恐怕难有起色，你是来拜托我收购那家工厂的吧。"兰森社长尴尬地答道："并非如此，我之所以前来，其实是打算收购贵公司。"说罢，谈话便结束了。

几天后，兰森社长发来了报告。他写道："巴特勒会长果然名不虚传，是个棘手的硬派人物，实在不是我能应付的。他先是滔滔不绝地和我谈了一个半小时，最后来一句'你这次是来干什么的'。我觉得他恐怕与我们京瓷的企业文化格格不入。我建议，收购AVX 的计划还是到此为止吧。"

可没过多久，巴特勒会长却主动联系我，说"十分想与我会面"。于是我们在东京碰面，谈了将近 1个小时。其间，他对我说："你们公司的兰森社长来找过我，我当时以为他在开玩笑，可他说过的话之后一直在我脑中挥之不去，他说京瓷想收购我们公司，虽然我不知道你们的具体方案是什么，但我经过一番考虑后，觉得 AVX 如果要想在今后继续生存和发展，选择和其他公司合并似乎也不失为一种出路。"

他还问我："为什么想到要和 AVX 合并呢？"我答道："欧洲各国将在 1992 年签署联盟条约，欧盟这个统一市场即将形成。届时，京瓷也必须在欧洲实现'当地生产，当地销售'。可京瓷目前虽然在美国拥有 10 家子公司，但在欧洲却只有销售部，没有生产基地。换言之，京瓷在欧洲市场的步伐较为缓慢，而贵公司则不同，在欧洲也有设施完备的工厂。"

AVX 的工厂的确分布较广——美国 12 家，欧洲 6 家（遍及德国、法国、英国和北爱尔兰），东南亚 3 家，甚至在拉美还有 5 家，AVX 可谓生产基地横跨南北半球的国际化大企业。鉴于此，我又对他说："到了 1992 年，欧洲市场会逐渐走向统一，京瓷面临如何尽快在欧洲建立生产基地的课题，假如从零开始建厂和招人，很难及时实现运营。虽说建设厂房和安装设备并不复杂，但要想培养出能够操作和运营的相应人才，则需要耗费很长的时间。"

对此，巴特勒会长说道："那不妨让 AVX 的工厂为京瓷代工生产，如何？"于是我立刻回应道："那么事不宜迟，带我参观一下工厂吧。"

视察 AVX 工厂的收获

他先是带我参观美国工厂。AVX 公司的销售额和企业规模比京瓷要小得多，却拥有自备小型喷气客机，从日本飞到美国后，我们前往纽约的一处飞机场，在那里乘坐 AVX 自备的喷气客机，花了 3 天时间，几乎把 AVX 的美国工厂参观了个遍。

由于赶时间，早餐和午餐都在飞机上用三明治对付一下，除了参观工厂，就是在空中辗转。美国各地的飞机场等相关设施非常齐全，因此我们每次都会先飞到离工厂最近的飞机场，然后坐车赶赴工厂；参观完毕后，再驱车赶回飞机场，然后接着坐飞机。等于是在各州各地的飞机场来回赶。

参观完美国工厂后，下一站便是欧洲。这次换乘了 AVX 公司专用的商务班机，前往法国、德国、英国和北爱尔兰的各家工厂进行参观。每家工厂的运营水准都非常出色。

我原本对美国最近的产业衰退和空洞化颇感忧虑，可 AVX 公司却截然不同——拥有优秀的企业文化和哲学，员工们的工作态度也极为出色，无论是生产能力还是工作氛围，都与我之前接触过的其他美国企业完全不同，实在令我颇为吃惊。

以欧洲工厂为例，让我印象最深的是北爱尔兰工厂。正如各位所知，北爱尔兰一直在闹独立，恐怖活动也时有发生，可当地的人民却非常耿直和朴实。在参观过程中，当地工厂的干部对我说："我们很想为京瓷代工生产，只要您拍板，我们就立刻派人去日本实习。我坚信，一旦掌握了相关技术，我们就能够生产出合格的产品，甚至在生产效率和成品率方面会超过日本本土工厂。"如此充满自信的态度让我十分感动。

在参观完北爱尔兰工厂后，我要自己坐飞机回日本，于是他用 AVX 专用的商务班机送我到伦敦的希思罗机场。其间，不管是在飞机里还是在机场大厅，我和巴特勒会长一直在侃侃而谈。我对他说："（AVX的）工厂非常好，如果它们能够为京瓷代工，我觉得前景势必十分广阔。不过我也希望你考虑一下我们兰森提出的合并建议。如果两家能够合并，那么就不存在什么代工与被代工的关系，不但更为简单明了，而且更利于相互提携与合作。"结果他说道："其实我跟你想到一块儿去了，我也认为合并是最好的选择。"

接下来的悬案：关于合并方式及交换比率

这样一来，双方在合并这件事情上达成了共识，接下来就要触及最为关键且最难协定的内容——合并方式。

国际企业之间的并购方式大致可分为两大类，一类是现金收购（即京瓷买下艾科的方式），另一类是交换股份。在美国，不管是合并还是收购，一般也都遵循这样的原则——可以 100% 现金收购，也可以 100% 交换股份，还可以采取组合的方式，即"部分现金收购，部分交换股份"。

对于"日美企业之间的并购问题"，我有自己的想法。纵观当下的日美关系，以贸易摩擦为争端，再加上日本企业频频在美国购买不动产，这都使得美国人的反日情绪不断高涨。明明当务之急是调节两国关系、谋求共同发展，可日美关系却坠入低谷。因此，对于京瓷与 AVX 合并之事，我对巴特勒会长这样说道：

"假如京瓷用现金收购贵公司，美国人民可能会觉得这是一种经济侵略，感觉就好像是日本企业仗着财大气粗，吞并了美国最大的电子元件制造商 AVX，所以我建议咱们采用交换股份的方式。只要我们定好股份的交换比率，京瓷就不用采取现金收购的方式。这样一来，在照顾到美国人民感受的前提下，AVX 依然能成为京瓷的 100% 控股子公司，与现金收购无甚区别。

"要说唯一的区别，那就是两家公司在完成股份交换后，持有 AVX 股票的美国股东自然就成了京瓷这家大公司的股东。虽说 AVX 在并购完成后便隶属于京瓷，但 AVX 的股东成了母公司京瓷的股东。从该意义层面来看，表面上是京瓷支配了 AVX，但实际上是 AVX 的股东拥有了京瓷的支配权。在我看来，假如是同一个国家的两家公司，那么交换股份也好，现金收购也罢，无非是手段的区别而已；但像京瓷和AVX这种跨国的情况则不同，再加上如今日美两国关系紧张，因此用交换股份来代替现金收购的意义重大。也正因为如此，即便困难重重，我都希望双方最终能够通过交换股份来成功实现合并。"

巴特勒会长自己也是AVX的大股东，因此对我的提议表示赞成，他说："我也觉得（交换股份）更好。"

为对方着想：设定股份交换比率

既然双方对于交换股份的方式达成一致，接下来就是交换比率的问题了。京瓷也是纽约证券交易所的上市公司，每个交易日，京瓷的股价都会在交易所的大屏幕上显示。当然，同为上市公司的AVX亦是如此。

在 AVX 公司隆隆作响的商务班机中，我和巴特勒会长一边吃着三明治，一边讨论着交换比率。我问他："你们公司现在的股价是多少？"于是他翻出《华尔街日报》后答道："昨天的价格大约是每股 20 美元。"前一周的股价为 19 美元左右，当时涨至 20 美元；而京瓷当时的股价大约为每股 82 美元。我接着问道："那我们以怎样的比率交换呢？"结果他反问道："你该不会想以实际的挂牌价来折算比率吧？"我回应道："当然不会。我只是想问下，你觉得合适的比率是多少？"他答道："在向 AVX 的股东们宣布与京瓷合并的决定时，为了让他们能够接受和同意，AVX 的交换股价至少得在当前挂牌价的基础上增加五成左右。"

当时 AVX 的股价大约为每股 20 美元，如果增加五成，就意味着合并价为每股 30 美元。我对此并不惊讶，在参观 AVX 位于美国和欧洲的工厂时，我一直在反复对比 AVX 和京瓷的财务报表，从中得出的结论是"这样的交换价格是可行的"。至于理由，就要涉及我在收购企业时的诀窍了，这本来是不外传的心得，所以希望在座的各位不要随便说出去。我的诀窍其实也很简单，即把每股的资产净值（net asset value，NAV）、资产总值和利润等因素加以分析和计算。我得出的结果是，如果按照他所要求的每股 30 美元的价格进行交换，对于京瓷的资产净值并无太大拖累，至于每股的利润和销售额，双方几乎会持平。由于我事先做好了"功课"，因此对他 30 美元的报价早有了心理准备。

此外，就如他所言，倘若不把 AVX 的交换股价增加五成，AVX 的股东们势必难以同意合并之举。反之，面对 19～20 美元的挂牌价，如果告诉他们"和京瓷合并时，AVX 的交换股价为每股 30 美元"，股东们自然较为乐意，这点我很能理解。

另一方面，站在京瓷的立场考虑，倘若合并导致京瓷每股的资产和利润缩水，那么就会拉低企业的价值，进而给京瓷的股东们带来困扰，因此合并后的各项指标是不能缩水的。经过估算，我断定30美元的价格不会造成缩水，属于比较理想的比率。换言之，我是经过事先推演的，可巴特勒会长并不知情，所以在我当场允诺时，他表现得非常吃惊。

一般来说，碰到这种交换股份的情况，买方总是会拼命杀价，而卖方总是会拼命加价，因此谈判往往会成为旷日持久的拉锯战。而我因为事先已经研究了相关资料和指标，因此对于巴特勒会长"加价五成"的要求，我能够即刻判断和应答。说了这么多，我想表达的主旨是，周到的准备工作是交涉成功的关键。

于是我向他确认道："那么，就以京瓷每股82美元、AVX每股30美元的比率进行交换，对吧？"可巴特勒会长想了一会儿后说："（AVX）每股32美元如何？"我知道，这是一种巧妙的讨价还价，不过我心中有数，30美元和32美元相差不大，于是答道："可以，那就32美元，一言为定。"他对此表示满意。

就这样，我和他敲定了82∶32的交换比率。我问他："凭借32美元每股的价格，你有信心在股东大会上说服全体股东吗？他答道："回公司后，我会立刻召开临时股东大会，要求股东们决议。有32美元每股的价格在，我充满信心。"于是我只管自己飞回了日本。回到日本后，我立即把京瓷在美国的顾问律师叫到日本，并召集了日本的律师顾问团和相关负责人。我对他们指示道："（京瓷）要和AVX公司合并了，你们立刻去抓紧办好各种相应的法律手续。"

企业之间通过交换股份的方式进行合并时，其实还有一个绕不过去的关键点，这涉及一些专业知识。打个比方，在收购一家企业时，假设收购价为 100 亿日元；而被收购企业的资产负债表中的资本金加上留存收益所得的所有者资本为 50 亿日元；这就等于是用 100 亿日元买下价值 50 亿日元的公司，多出的 50 亿日元便成了买商号的钱，也就是经营权，因此在收购完成后，仍然必须进行持续的计税折旧。

而在美国，则专门有针对这种情况的会计处理方法，其名为《权益结合法》（在 2001 年后被废止），如果按照该方法核算，就不会出现所谓的商号费，也就不存在经营权折旧的问题。在刚才的例子中，多出的 50 亿日元就不必算作商号费，企业也没有申报义务，自然也就无须折旧。同理，AVX 和京瓷虽然原为相互独立的企业，但按照该方法核算的话，从合并完成时起，两家企业就等于"从创立之初便是整体"。换言之，AVX 去年的业绩、前年的业绩，甚至之前所有的业绩，都会被归为京瓷的业绩，也就不存在所谓的商号权了，所以双方决定采用该方法。这样一来就避免了折旧，对双方都有好处。

并购课题：如何应对日本国情

在办理合并手续时，首当其冲的障碍便是日本商法的各种限制，必须予以妥善解决。

由于双方交换的是纽约股市的股份，而京瓷是通过美国存托凭证（ADR）的方式在美国上市的，因此京瓷只能把在日本发行的股票拿到美国去交易。换言之，如果双方要进行合并，京瓷就必须把增资的股份拿到纽约去交换。那么具体该如何操作呢？我当时想到的办法是这样的，京瓷在美国当地建立新的子公司，然后把增资的股份转到那里，再把这家新的子公司所持的股份与 AVX 股东所持的股份进行一次性交换。在向美国和日本的律师咨询后，确认了该方法的可行性，于是我决定实行。

同时，在仔细研究了日本商法后，发现除了个别特例外，日本商法不认可企业持有自己公司的股份，就是说，企业不能持有自家发行的股票。但到了海外，日本商法便无效了，所以我想出了"临时成立海外全资子公司"的对策。于是我派人向日本法务部说明了情况，结果对方回应道："日本商法的确无权管制在海外发生的商业行为，但日本国内明明不承认库藏股，你们却打算在海外成立子公司，然后让该子公司持有股份。假如我们允许这样的行为，就等于是在默许你们钻法律空子，我们绝对不会允许这样的事情发生。"

对此，京瓷的律师交涉道："我们只是临时让子公司持有股份而已，一旦和 AVX 的股东交换完毕，该子公司所持股份就立即归零了。之所以成立新的子公司，并非打算让其长期持有股份，而只是为了和AVX 公司交换股份而已。换言之，这只是一时的权宜之计。希望你们能理解我们的动机和目的，特事特办，网开一面。"可对方却非常固执，一个劲儿地说"不行"。我又派人跑去国家财政部，得到的答复依然是"不行"。

之前也有不少日本企业试图采用交换股份的方式来实施并购，但都被卡在了政府机关，最终只得作罢，但我可是决不放弃的人。

从 1959 年创立京瓷以来，我一直不断受到命运的磨砺。在我看来，这是一种幸运。从事技术研发时，我每天都在挑战新困难和新课题；经营中小企业时，我每天都必须完成别人做不到的任务，否则就无法生存。道理很简单，京瓷在当年只是一家初创的小企业，假如只知道步人后尘地生产既有产品，那么客户就会说"这个我们一直在向 A 公司采购的""那个我们一直在向 B 公司采购",结果什么也卖不出去。大家都喜欢从有实力、有信用的大企业订购产品,这是人之常情。这样一来,中小企业要想生存,就只能承接大企业做不到的项目和订单,进而逼迫自己出色完成。多年以来,我一直这样"不走寻常路",这样的处事风格已经深入我的骨髓,成了我的习性。

刚才说了,由于法务部和财政部都不同意,所以京瓷派去交涉的律师们一起找到我。他们说:"会长,这办法果然还是行不通,只能用现金收购了。"我回应道:"按现行的老的法律来判断的话或许只能如此,但是日本现行的商法已经跟不上时代,机关部门的判断是不合理的,你们再去法务部,把京瓷的动机和目的再和他们好好讲讲。"可他们却打起了退堂鼓,说:"我们已经都讲过了。"于是我说:"那么只好我亲自去了?"他们只好答应道:"既然您都这么说了,那我们再去试试。"

我对京瓷的律师们说道："纵观当前的国际环境和世界经济，可以推测，倘若日本企业今后不与外国企业实现'团结大同'，不管目前实力多么强大，未来都很难生存和发展。在不久的将来，企业之间的并购将会非常普遍，企业之间的国界概念也会日益模糊。假如日本凭借强大的经济实力，一味地用现金收购海外企业，那么这种简单粗暴的方式势必不会给外国人民带来好印象。也正因为如此，我才觉得交换股份是最好的方式。从本质上来说，交换股份其实也是一种变相收购，但被合并一方的股东能够顺势成为母公司的股东；此外，这也有助于维护国际局势的稳定。如此双赢的好办法，假如因为日本过时的商法而搁浅，那实在太可惜了。我真心希望这种交换股份的方式能成为今后日美企业之间相互并购的范本。这便是我的想法和初衷，你们要悉数传达给法务部的相关负责人。"

　　在领会了我的意思后，京瓷的律师跑了好几趟法务部，反复向相关负责人解释初衷——"我们并非单纯地偏向于交换股份，而是因为在当前形势下，这是唯一合理的方法。其既能改善日美之间的关系，也能保证合并后的两家公司能够和谐共进，希望能予以批准，至少在现有的法规框架内给予通融的余地。"正所谓"精诚所至，金石为开"，法务部的领导们终于表示会认真研究讨论该问题。

　　法务部最后给出了解决方案，其负责人说道："由于日本商法一直不承认持有自己公司的股份，包括海外的子公司，但假如该公司并非全资子公司，而是引入了部分外部资本，那么我们法务部就可以承认它。不过要注意，该子公司不可长时间持有母公司股份，一旦京瓷与 AVX 的股份交换完毕，该子公司就应该立即注销。只要你们满足这些条件，那么就不违反日本商法，我们法务部就会开绿灯。"于是日本的法规壁垒算是扫清了。

并购课题：如何应对美国法律

在美国，京瓷与 AVX 的合并属于两大电子元件制造商的整合，由于两家公司所占的市场份额极大，因此可能与反垄断法（即美国的"反托拉斯法"，其由多项法律条款所组成）相抵触。

该反垄断法中的《哈特·斯科特·罗迪诺反垄断改进法案》(*Hart-Scott-Rodino Antitrust Improvements Act*，HSR) 适用于类似的并购行为。为此，京瓷和 AVX 必须事先向美国司法部和联邦贸易委员会提交合并申请，并提供有关各自公司在国内外市场占有率的详细数据资料，进而接受相应机构的调查。

假如调查结果证明并购行为没有违规，那么两家公司就能实施并购；但在并购完成后，实际上还会受到更为严格的反垄断调查。

此外，此次并购还牵扯到《埃克森－弗罗里奥条款》[一]，该条款旨在保障美国的国家安全，基于该法律条款，美国政府会审查 AVX 与京瓷的合并是否会对国家安全造成影响。换言之，假如外国企业的并购行为威胁到了美国的安全保障，那么就会被禁止。日本富士通曾计划收购整个仙童公司，而美国政府则基于该法规的条款而不予批准，最终导致收购中止。为了避免重蹈富士通的覆辙，我们必须准备大量详尽的资料，事先提交给相关部门审核。

于是，我让京瓷在美国的律师去解决上述两大法律问题，到了去年年底，总算全部搞定。这样一来，总算是越过了横亘在合并面前的两国法律壁垒。

[一] 《埃克森－弗罗里奥条款》（*Exon-Florio*）是《1988 年综合贸易与竞争力法》的修正案，它授权美国总统对外国在美国进行的企业并购或控股所造成的"国家安全影响"展开调查。——译者注

岂有此理？股份交换比率再次变更

既然障碍均已消除，于是 AVX 决定召开股东大会。去年年底，为了完成初版合同的定稿，双方（包括京瓷和 AVX 的律师）齐聚纽约，进行了为期两天的协商。之前，京瓷与 AVX 已经一致同意将股份的交换比率定为 82∶32，不走运的是，当时纽约股市低迷，京瓷的股价跌至每股 72 美元。对此，巴特勒会长说道：“以前我们双方定下了 82∶32 的交换比率，但如今京瓷的股价已经跌至 72 美元，所以我希望能以 72∶32 的比率交换，没问题吧？”我回应道：“我们公司的股票的确跌了，就照你说的定吧。”

可这样一来，一个不确定性因素就产生了——即便 AVX 的股东当时立即接受合并的决定，也至少要等到来年 1 月底才能真正完成合并。虽然京瓷当前的股价是每股 72 美元，但离合同签订和清账结算还有一段时间，难保到时候的股价不会变动。鉴于此，我向巴特勒会长征求意见，他对此答道："总之先按照72：32 的比率来，等到来年 1 月底正式缔结合同时，假如京瓷的股价跌破了 72 美元，那就得按照市价重新定比率了，否则 AVX 会蒙受损失。"

他这番话是说给我和京瓷的律师听的，结果京瓷的律师立即回击道："上次谈判时，京瓷的股价还是 82 美元，如今把合并比率改成 72：32，对京瓷已经是巨大的损失了。既然您说按照市价来，那么如果京瓷股价在来年 1 月底超过了 72 美元，那也应该相应调整比率才对，否则也太不合理了吧。还有一个办法，既然我们是为了给合同定稿才坐在一起的，那为何不在合同中把比率定死呢？比如就用京瓷今天的股价，我相信 AVX 的股东也能接受。来年 1 月底的股价是多少，现在没人能知道，所以我觉得'到时候再定'的方式是不现实的，因此建议今天就敲定交换比率，就按照京瓷现在的股价。"而对方也是毫不相让，双方开始激烈地争辩起来。

　　见状，我对大家说道："站在 AVX 的立场思考，即便今天敲定了 72∶32 的交换比率，假如在最终签订合同时京瓷的股价再次下跌，那么自然会想调整比率。因为这样能够保证 AVX 每股 32 美元的收购价不会缩水，这也是说服其股东接受合并的重要条件，对此我非常能理解。而另一方面，我方律师的主张也很合理，如果到时候京瓷股价上涨，那么 AVX 等于是又赚了一笔。正所谓'风险和利益并存'，要么不管是涨是跌，全都看到时候京瓷的股价；要么就现在当场敲定 72∶32 的交换比率，不予变动。话虽如此，但如果设身处地地站在巴特勒会长的角度看问题，就能明白，一旦把交换比率定死，如果京瓷股价日后下跌，那么 AVX 等于是吃亏了；假如完全按照时价交换，如果京瓷的股价日后上涨，比如涨到 85 美元一股，那么 AVX 就必须以 85∶32 的比率进行交换，等于又吃亏了；这是非常自然的心理。鉴于此，本着为AVX 股东着想的宗旨，我决定，如果京瓷的股价下跌，就按照那时的价格调整交换比率；如果京瓷的股价上涨，就维持 72∶32 的交换比率，算是给 AVX 多赚了一笔。"

对方律师听了我的发言后，立刻表示双手赞成，而我方的律师则觉得岂有此理。但我明白，这样的方式能够使对方公司的股东受益；不仅如此，我脑中早就估算过，只要以稀释股权（dilution）为前提，该方式并不会大幅影响京瓷每股的利润和资产净值；所以我才会从容答应对方的要求，而对方也十分高兴和满意。

到了来年 1 月份，京瓷的股价开始回升，从 72美元涨到将近 80 美元。因此 AVX 等于是在最终的股份交换中占了个大便宜。

合并完成后，巴特勒会长对我承诺道："从今以后，AVX 的全体董事都会以京瓷干部的身份努力奋斗。"而我也答应在待遇方面给予一定的提升。

当时，在两家公司刚完成合并后，我就立刻赶往纽约、波士顿、芝加哥和洛杉矶，为的是向成为京瓷新股东的原 AVX 股东说明情况，说明会大约持续一个半小时，与会人员包括投资大户和证券公司的干部，有五六十人。我一边与他们用餐，一边向他们说明京瓷未来的发展计划。

不知是否是我的说明起了效果，在合并之后，京瓷的股价一路攀升，如今已经涨至每股 105 美元的高位。当初的交换比率是 72∶32，如今京瓷的股价突破了 100 美元，那些美国的 AVX 原股东甚为欣喜。

巴特勒会长自然也非常高兴。不仅如此，他作为与京瓷商定合并一事的谈判负责人，获得了原 AVX

股东的高度评价，并成了美国证券界的名人，不少证券公司的高管盛赞他为"世界第一的谈判专家"。

并购的要诀：把"关爱"与"体谅"作为判断基准

所剩的时间不多，接下来我想做一下归纳总结。一般来说，像京瓷和 AVX 这种大企业之间的合并案例理应更加错综复杂才对——企业家动员各路人马，拼命调查研究最为合适的交换比率。京瓷和 AVX 之间的交易金额高达数百亿日元，一旦稍有损失，就是一笔大数目，因此往往会召集律师，进行事无巨细的调查；而卖方也会采取类似行动，于是买卖双方严阵以待，为了利益最大化、损失最小化而互不相让，展开旷日持久且针锋相对的拉锯战。反之，纵观我刚才介绍的实际合并过程，真可谓是漫画里的故事情节，在全世界的企业并购案例中几乎找不出第二个。

换言之，一旦涉及如此大的交易金额，常见的结果是激烈冲突和交涉停滞，短则半年，长则一年。倘若再心生怀疑（比如"对方真的如实提供了企业的资产数据吗"），便只能靠自己去逐家调查对方海外分公司的资产情况；进而又担心"对方的技术和经验真能为我所用吗"，便又只能去调查相关信息。换言之，一旦怀疑对方，就会陷入无穷无尽的猜忌，永远也无法完全消除。而其结果呢？只能是在双方勉强能够接受的限度内到此为止，最终达成的也不是协议，而是妥协，这势必会让彼此心存芥蒂。

合并不是目的，真正的目的是在合并后同舟共济、齐心协力地提升业绩。可假如双方在合并过程中已经搞得身心俱疲、关系破裂，那在合并后还会有美好的未来吗？类似的案例极为常见。

大家想必也有这样的经历和体会——倘若一味地计较利益得失，那么生意就不可能顺利。在我看来，此乃商道之精髓。

在座的各位都是大阪的商界人士，对我的看法应该会有共鸣。"只有客户高兴，自己才能赚钱"，这是大阪商人自古以来的信条。换言之，要想生意顺利，必须先让对方满意，只要是商人，肯定都能理解这句话的意义。"互惠互利，方能共赢"是商业活动中铁一般的法则，不管是大企业还是中小企业，这条真理都完全适用。纵观京瓷与AVX之间如漫画情节般的合并经过，表面上是我方吃亏，但由于对方十分高兴和满意，因此最终会给我方带来应有的回报。

虽然美国证券界把功劳都算在巴特勒会长身上，称其为"才能卓越的谈判专家"，但我向他道出天机："(他们)都错了，这次成功的合并应该归功于我的哲学思想，你只是在我的掌心上跳舞。AVX之所以会如此获益，完全是我故意安排的。我的目的很简单，当时的比率分配虽然表面上让京瓷吃了亏，但这样能够让 AVX 的股东和员工感到欣喜和满意，我种下了这样的善因，以后京瓷势必能收获相应的善果。这并不仅仅是东方哲学，而是全世界共通的法则。正因为如此，看到你们这么高兴，我也感到高兴。"

假如换作别人，一般都会感到不快，即便不真的撕破脸发火，也会在笑谈中显露怒意——"没错，我们京瓷的股票涨到了上百美元，这也太便宜你们 AVX 了吧，赚了这么多，好歹还我们点儿吧！"然而我却说："巴特勒会长，大家好才是真的好。"因为我知道对方的股东和员工都很高兴，而我也打心里为他们感到高兴。

在合并完成后的几个月里，由于事务繁忙，我没空去 AVX 视察。直到 5 月连休到来之前，我才抽出时间前往 AVX 位于默特尔比奇（Myrtle Beach）的主力工厂。在那里，我先是与公司干部们再次进行了交流，接着与工厂的全体员工共进晚餐，我们不但在席间加深了理解和团结，巴特勒会长还向大家发表了自己对此次合并的感言。作为在 AVX 任职多年的会长，又是 AVX 的大股东之一，他对大家说道："我原本计划在两年后退休了，可在与京瓷合并的过程中，稻盛先生的话感染了我，让我觉得自己又变年轻了，所以我打算再奋斗个几年。"他的言语中透露出发自内心的喜悦，可能这样的喜悦感染了 AVX 的全体员工，他们亦对我十分亲切，一个个走过来对我表示欢迎，仿佛我也是他们的老雇主。

各位可以想象一下，假如两家公司的合并过程是一场计较胜败得失的争斗，假如京瓷方面一味地杀价和施压，那么巴特勒会长作为 AVX 的大股东，势必会觉得自己一方吃了亏，其向员工告知合并决议时，也势必会带入自己的负面情绪；反之，假如巴特勒会长打心里感到高兴，那么就会自然而然地向其员工流露出这种心情，而员工也会受到感染。京瓷与 AVX

的合并便属于后者，由于 AVX 的员工对我心怀好意，因此十分愿意倾听我的话，也乐于接受我的意见，这使得工作推进甚为顺利。

由于日美两国之间在文化、习惯及买卖交易等方面存在诸多差异，因此两国企业在合并后，通常会出现各种矛盾和摩擦，比如组织、运作及人际关系等，基本上都很难实现和谐。但京瓷不同，我们的海外企业一直保持着团结共进的良好氛围，各项工作都开展得非常顺利。

今天想传达给各位的主旨其实很简单，即在实施国际并购时，不要执着于方法或手段，而必须把"关爱""体谅"作为最基本的行动准则。

我十分敬重著名的思想家中村天风，也经常拜读其著作。他是一位瑜伽大师，虽然已不在世，但在我看来，他可能是近现代开悟最深之人。天风先生驾鹤西游之前，曾经说过一些值得人们永远铭记的箴言，其中一段话的中心思想大致是"应该以充满希望的态度，积极开朗地度过人生。绝对不能心生诸如'公司或许前途堪忧'之类的悲观念头，要坚信自己的人生和企业的前途必将光明璀璨。此外，要想让他人如你所愿，则必先给予他人喜悦。换言之，唯有心怀体谅之心，方能打动他人"。

我所提倡的"以体谅为本"的理念，其实与大阪商人自古以来恪守的"以取悦顾客为本"的理念相一致，在座各位都是大阪的商界人士，想必更容易理解。当然，要想做好生意，除了遵循该原则外，还必须动用智慧，制定各种战术战略。但不管是智慧还是战术，都必须从"体谅"和"关爱"出发。唯有如此，才能克服万难、成就事业。这也是天风先生的教诲之一。

我衷心希望各位能将我今天所说的内容运用于实

际工作中。时间到了，我的讲话到此结束。

要　点

中小企业要想生存，就只能承接大企业做不到的项目和订单，进而逼迫自己出色完成。久而久之，使这种"不走寻常路"的风格成为自己的习性。

○

合并不是目的，真正的目的是在合并后同舟共济、齐心协力地提升业绩。

○

倘若一味地计较利益得失，那么生意就不可能顺利。在我看来，此乃商道之精髓。

○

只有客户高兴，自己才能赚钱。不管是大企业还是中小企业，这条铁一般的法则都完全适用。假如对方高兴和满意，那么最终会给自己带来应有的回报。

○

应该故意让对方多获益。从表面上看，这么做似乎让自己公司吃了亏，但由于能够让对方的股东和员工感到欣喜和满意，这样的善因势必能让自己公司在将来收获相应的善果。这并不仅仅是东方哲学，而是全世界共通的法则。

○

在实施国际并购时，不要执着于方法或手段，而必须把"体谅"与"关爱"作为最基本的行动准则。

○

必须动用智慧，制定各种战术战略。但不管是智慧还是战术，都必须从"体谅"和"关爱"出发。唯有如此，才能克服万难、成就事业。

中小微型企业如何成长为大企业

第 5 届盛和塾全国大会首日讲话
——1996 年 7 月 5 日

当时的日本经济已摆脱颓势，正在不断恢复和好转。以京瓷为代表的一批京都企业业绩斐然，其增长速度大幅超过其他日本企业。稻盛在本次讲话中着重分析了支撑京都企业优秀业绩的"思维方式"，并回顾了京瓷创立和发展的历史沿革。

企业为何必须成长

欢迎各位从全国各地莅临本次大会。如今，盛和塾全国大会办得越来越好，我对此甚为欣喜；另一方面，要向这么多学员传授企业经营的心得，这份肩上的责任对我自身其实也是一种鞭策。

在座的各位之所以能来，想必也是在百忙之中抽出了宝贵时间的。我站在讲台上，看着各位，不禁陷入了深深的思考——虽然盛和塾大会每年只举办一次，但每次前来的企业家都不少于800位，这份真挚、这股热情，恐怕是其他的讨论会难以企及的。哪怕是专家云集的企业经营研讨会，恐怕也没有如此盛大的规模。我能够切身感受到各位高涨的热情，这也让我再一次认识到了自己的责任重大。

说到盛和塾，其实原本是我以志愿者身份发起的讨论会，但既然已成今日之规模，倘若我再用"志愿者"的名号为自己卸担子，恐怕没人会接受了。正因为如此，我觉得自己必须以赌上性命的精神和干劲来做好盛和塾的工作，否则便对不住在座的各位。

再次欢迎各位的莅临，每年一次的盛和塾全国大会将从今天开始举行，为期两天。我希望各位能够本着诚意和热情，互相交流，互相学习，一起努力让本次大会成为一届有意义、有收获的大会。

我一直在对各位说，"请把你们的企业做大做强"；我也经常强调，这并非是为了成为富豪或受人关注，而是为了增加雇员。换言之，公司一旦做大做强，就能雇用更多的员工，就能养活更多的人，而仅仅这一点，便是对社会的一大义举。

有能之人把企业做大，雇用大量员工，提供大量工作岗位，这本身就已经是大义之举；倘若还能把企业做强，创造大量利润，交纳大量税金，那更是在为社会造福。

在我看来，在座的各位之所以能够担负如此具有社会意义的使命，是因为上天赐予了各位相应的才能，所以大家不要荒废了这样的才能，而应该将其灵活运用，从而为社会、为自然，甚至为整个宇宙尽力做出贡献。我之所以强调要把企业做大做强，也是基于这样的目的。我希望各位千万不要把视角局限于自己和自己的企业，而应该从社会、自然及宇宙的观点出发，抛弃我执，以"为他人尽力"的精神努力奋斗，把企业做大做强。

坚信"至诚所感，天地为动"

我一直强调，要想让事业成功、企业发展，靠的是平日看似不起眼的点滴积累，即在平凡的日常工作中不断努力、埋头钻研，并拼尽全力。不管是继承于父母的事业，还是自己白手起家的事业，倘若不付出不亚于任何人的努力，就无法顺利发展。

说到这里，我想讲一下二宫尊德的故事，在内村鉴三⊖所著的《代表性的日本人》一书中，专门用了一个章节的篇幅来介绍这位重礼仪、修德行且认真坦诚的历史名人。

尊德自幼失去双亲，被其父亲的兄长（伯父）领养。他吃住在伯父家里，并且每天努力劳作。随着年龄的增长，他渐渐萌发了求知欲，认为"因为自己没有学问，所以要通过学习来成为优秀之人"。

为了学习阳明之学和孔孟之道，他在夜晚点起小油灯，孜孜不倦地研读圣贤之书。可他伯父见状后却对他呵斥道："（我们）农民读书有什么用？灯油很贵，

⊖　内村鉴三（1861—1930），日本明治及大正时期的教育家和思想家，生于江户武士家庭，幼年受武士道和儒学思想熏陶，后成为基督教信徒。——译者注

你别瞎浪费。"

面对伯父的呵斥，尊德觉得也有道理，于是前去开垦无人问津的河沿地，在那里种下油菜籽，然后把收获的菜籽拿到卖油的铺子，和掌柜换灯油。换言之，在干完日常农活的间隙，为了搞到灯油，他还要自己种油菜籽。依靠这种自给自足的方式，他又开始了学习。可他伯父又对他吼道：

"你在农闲之余种的油菜籽是属于我的，你吃住在我家，等于是我在养你，所以你种的东西都应该归我。"

换言之，尊德一切的劳动成果都属于他的伯父。面对伯父这样的主张，有点过于实诚的尊德依然全盘接受，于是不再在夜晚点灯油学习，而是在白天的阳光下，一边走路一边看书。以前，日本的不少小学都立着背着木柴捧书苦读的尊德铜像，其表现的正是那个时期的二宫尊德。

尊德学习了阳明学的"天地万物之理"、孔子所提倡的"天道"以及作为人的基本道德规范,并决心在人生中遵循它们。

这些思想体系的精髓是"至诚所感,天地为动"——只要诚实努力地劳动,天地都会为之所动。换言之,只要心无旁骛地不断奋斗,连天地和神灵都会伸出援手。尊德对此深信不疑,并将其升华为自己的信念。

为了贯彻这样的信念,尊德不吃美食,不贪享受,只穿棉布衣服,连吃饭都在田间;且每天只睡两小时,早上第一个到田间劳作,晚上最后一个收工回家。在他的鼓舞和带领下,他所在的村庄从原先的贫困村变成了富裕村。

仅仅凭借一把锄头和一把铁锹,在短短数年内,尊德就把贫瘠荒凉的村庄变成了肥沃富裕之地。各地的藩主十分惊讶，并且希望他帮藩地的村庄脱贫致富。于是，受当时关东地区的某位藩主之托，尊德不辞劳苦，把一座座原本荒废贫瘠的村庄变得富裕而兴旺。

他不但坚信"精诚所至，金石为开"，认为"只要付出不亚于任何人的努力，神灵必将出手相助"，而且还重视"行为的动机"，不管善举有多么伟大，倘若基于邪恶的动机，便必须予以否定。由此可见，尊德十分看重行为的动机。

各位想必也知道，我在酝酿创立"第二电电"时，曾经不断自问，是否"动机至善，私心了无"。在持续数月的自问自答中，我确信自己的动机基于善念，于是才创立了第二电电。因此在我看来，要想让事业取得成功，必须具备两大要素：其一为"善意的动机"；其二为"至诚所感，天地为动"的信念以及拼命奋斗、坚持努力的态度。

我今年已经 64 岁，但即便再次从零奋斗，比如开始经营拉面店，我也照样能够迅速成功，进而成为拥有多家门店的拉面老板，因为我会遵循上述两大要素。反观一些作为第二代接班人的年轻企业家，却时常抱怨"父母给的企业实在太难运作，赤字不可避免"，每当听到类似的话，我都会叹息他们的不成熟。假如一个企业家整天只知道怨天尤人，那不就和无所事事的无业游民差不多了吗？

二宫尊德凭着一把锄头和一把铁锹，在短时间内便让村庄脱贫致富。这是因为他每天日出前而作，日落后而息；并且勤俭节约，拼命努力。如果以这样的精神和态度年年奋斗，必然能够取得成功。

所以说，诸如"父母创立的企业已经不合时宜""父母从事的产业已经失去优势"之类的说辞都是无谓的借口，既然有时间抱怨，不如花时间奋斗。

《经营12条》中有一条叫"付出不亚于任何人的努力"，意思是仅仅努力还不够，必须真正付出不亚于任何人的努力。只要做到这点，势必能够拨云见日。

始于中小微型企业的众多京都企业

参加盛和塾的企业家各式各样，从只有数名员工的微型业者，到雇用数千人的大企业家，几乎涵盖各种规模和各类业态。而我今天要讲的主题便是事业的原点，以及企业从原始形态成长至大公司的过程。

前段时间，在回顾京瓷发展历史的过程中，我发现不少京都企业的沿革较为相似，都是从小企业逐渐发展壮大，直至形成惊人的规模。5月31日的《朝日新闻》也刊登了题为"一技一能，立足之本"的特

稿，其中提及了京瓷、村田制作所、罗姆半导体集团
（ROHM Semiconductor）等几家京都企业，文章指出
"这几家京都企业的利润率在日本所有上市企业中名
列前茅，且大幅超出上市企业的平均盈利水准"。而
另一份报纸《日本经济新闻》也发表了类似的文章。

此外，在美国经济类杂志经常评选的"全球1000
强"（The Global 1000）之类的榜单中，也经常出现
京都企业的名字。以经常性净利率的排名为例，位
于世界前28位的企业中，日本企业有5家，其中4
家是京都企业，另外一家是本州岛山梨县的发那科
（FANUC Corporation）。在全世界的上市企业中，能
在收益率的前28强中占据4个名额，实在是不可
思议。

"为什么是京都企业呢？"我从很早起就开始认
真思考这个问题，结果发现，这些京都企业都有共同
之处。

先说罗姆，它是一家生产各种半导体产品的优秀企业。其创始人为佐藤研一郎先生，早在就读于立命馆大学时，他便发明了"碳素皮膜电阻器"这种最为简单的电阻器，并取得了专利。大学毕业后，他没有去任何一家公司任职，而是选择了直接自主创业。

再说村田制作所，在第二次世界大战爆发前，它只是一家制作日本传统茶碗"清水烧"〇的微型手工作坊，可由于战时的电子器械不断发展，对陶瓷电容器的需求量也日渐增加。于是，当时的一家电机制造商与村田制作所的社长接洽，商讨生产陶瓷电容器的事宜，而这也成了其新事业的开端。虽然在战时并未成功制造出实际产品，但乘着战后电子产业蒸蒸日上的东风，村田制作所实现了飞跃性的发展。

总之，纵观这些京都企业的历史沿革（包括京瓷

〇　清水烧是一种京都特产的陶瓷工艺品，因为其最早产自清水寺门前，所以被称为清水烧。——译者注

在内），会发现一个非常有趣的现象——创始人几乎都是门外汉，起初并没有力压群雄的技术实力，而只是靠着单一的产品开始打天下。换言之，这些京都企业的创始人一开始都是只会生产单一产品的"菜鸟"。

刚才讲到，在经常性净利率排名世界前1000位的企业中，前28强中有4家京都企业，而且这些企业的创始人都是门外汉——在最初阶段，他们不但没有傲人的技术实力，而且只会生产一种产品。与这些企业的创始人相比，搞不好在座的各位要高明得多。各位之中，有的人具备丰富的行业经验，有的人则在同时生产三四种产品。所以说，在创业初期，上述京都企业的创始人可能根本无法与各位相提并论。

简单来说，这种企业由"菜鸟"经营，且技术缺乏、产品单一，就好比是"只会做拉面的拉面店""只会做荞麦面的荞麦面店"或者说"只会四处叫卖的小贩"。换言之，他们起初都不具备足以把公司做大做强的技术和经验。

前面说过，像二宫尊德那样凭借一把锄头和一把铁锹从早到晚辛勤劳作，照样能让村庄脱贫致富。由此类推，即便产品种类单一，只要付出不亚于任何人的努力，不管是做拉面店还是做小贩，照样都能取得成功。

危机感和饥饿感是企业飞速成长的原动力

但要注意的是，假如只是拼命努力，那么即便成功，企业的格局和规模依然只能停留在"中小微型"的范围内。拉面店也好，小商小贩也好，假如满足于既有格局下的成功，那么企业的规模也就到此为止了。

让我们再来看看那些成功的京都企业，正因为其创始人都是"外行"，才能够拥有自由大胆的想法。正因为"无知者无畏"，才不会被既有的概念、习惯和惯例所束缚。正因为是"菜鸟"，在面对"这个做到这种程度就行""这个一般是这么做的"之类的所谓行业规则时，才能够不为所累、坚持自我，从而做到以批判性的眼光看问题，并保持自由的发散思维。

俗话说"一方水土养育一方人"，我认为，京都企业的闯劲与京都这片土地也息息相关。正如各位所知，二战后蜷川虎三先生出任京都知事，共产党在京都政府执政了很长时间。共产党之所以强大，是因为京都是一个神奇的地方。作为拥有1200年历史的古都，它既有非常崇古保守的一面，又有尚改革、反权威和反专制的革命性。尤其是京都大学，其可谓日本激进改革派知识分子的摇篮。而这种崇尚批判和革新的思潮也渐渐从学术界传播到普通民众之中，进而造就了京都人爱好改革、拥抱变化的地域性格。也正因为如此，京都人往往喜欢自由的发散性思维。纵观学术界，可以发现，不少斩获诺贝尔奖的日本人都毕业于京都大学。

在这片崇尚革新的土地上，缺乏技术却思维灵活的门外汉从生产单一产品做起，像二宫尊德那样坚信"至诚所感，天地为动"，同时还重视纯粹的动机和善念，并且拼命地埋头努力，从而促成了中小企业的成功。

那些企业的创始人不光努力奋斗，且还在心中抱有一份危机感。用刚才的"拉面店"来比喻的话，等于是"假如光卖拉面，要是哪一天荞麦面开始流行，那么拉面就卖不出去了"。换言之，倘若永远只生产单一类型的产品，万一时代潮流或客户需求发生变化，产品就会滞销，而企业就会倒闭。应该时刻抱有这样的危机感。

此外，还应该时刻抱有饥饿感。比如时常提醒自己"按照目前的事业规模，很难养活公司的员工"。

总之，要像二宫尊德那样，不仅做到认真努力，还应时刻居安思危、鞭策自我，要自己对自己念叨："假如一直维持单一品类的现状，万一该产品不再受到客户青睐，企业就岌岌可危，必须抓紧时间开拓副业。"正因为是门外汉，所以才能萌生如此大胆的想法。换言之，危机感与饥饿感是创意之源，并且能够促使人们求新求变，从而成功研发出新产品。

于是，虽然创始人都是缺乏技术的"菜鸟"，却在危机感和饥饿感的促使下成功创新。正因为知道自己才疏学浅、智慧不足，才会心生危机感，才会去四处寻找优秀的技术专家、去各大院校和外国企业引进先进技术，然后拼命努力，融入自己的创意要素。

以危机感和饥饿感为原动力，加上不断钻研和创新，一件件新产品和一项项新技术才得以诞生，而这样的良性循环便能使企业不断发展壮大。这便是中小企业向骨干企业成长的过程。以危机感和饥饿感为原动力，加上不断钻研和创新，为了克服单一品类所带来的不确定性，不断努力研发新产品和新技术，从而使企业持续发展壮大。在这样的过程中，中小企业便逐渐成长为骨干型企业。前面提到的京都企业——罗姆便是该模式的典型。刚才讲到，罗姆的创始人在校时便已经取得了专利，毕业后直接自主创业，开始生产碳素皮膜电阻器。由于掌握低成本生产的工艺技术，因此其价格低廉的产品立刻被市场所接受。于是，在与其他生产电阻器的知名对手的竞争中，罗姆取得了成功。我与罗姆的创始人年龄相仿，所以我一直对其十分关注。当年我就在想："这家公司挺有意思的，不知道以后会如何发展。"

结果，罗姆的碳素皮膜电阻器销路看好，其产量也是节节攀升，但其创始人可能也对单一品类的现状感到不安，于是先后推出了一系列新产品，包括金属皮膜电阻器、厚膜电阻器等。

创始人佐藤先生虽然毕业于理工科，但对金属皮膜电阻器和厚膜电阻器并不熟悉，可他却成功研发出了这些新产品，并将企业不断发展壮大。如今的罗姆已然成为日本半导体细分市场的王者之一，且一直保持着高收益。

众所周知，半导体的生产成本极高，一般认为只有大企业才能负担得起，可当初只是中小企业的罗姆却知难而上，毅然进入该领域，并瞄准了其他大企业所忽视的细分市场，结果业绩卓著。罗姆创立的时间比京瓷要早 5 年，其目前的年销售额高达3000 亿日元左右。这样的发展成绩，算是非常了不起了。

对于单一产品的危机感促成了多元化发展

再说到我自己，当年大学毕业后找不到工作，在一筹莫展之际，承蒙学校教授的介绍，我才获得了在京都一家陶瓷公司工作的机会。我当时被分配到了研究部门，公司领导认为传统的陶瓷产品前景有限，于是命令我研发新型工业陶瓷产品，即所谓的精密陶瓷。

数年后，努力研究终于开花结果，我成功研发出了一种性能卓越的高频绝缘材料，其能够绝缘弱电，可以运用于通信器材等设备中。可当时我并不知道该把它卖给谁，也不知道该如何推销，于是只好拜访各家电器制造商，当时跑客户时说得最多的一句话是："我们制造出了拥有这种特性的陶瓷材料，请问贵公司是否用得上？"在这样的推销过程中，我听说松下电器与荷兰飞利浦公司拥有合作关系，在生产显像管时使用了部分来自飞利浦的技术，包括绝缘材料。于是我前去推销，从而获得了松下电器这个大客户。

换言之，我在研发完产品后，还接着研发其用途，最终找到了松下电器，让其生产的电视机显像管用上了我的陶瓷材料。我当时和松下电器的各部门负责人进行了接洽和讨论，包括材料部门、采购部门和技术部门，从而定下了陶瓷材料的具体规格。回到公司后，我要指挥将近100名员工，不仅负责研发工作，还要负责实现量产。

当时的技术部部长是我的顶头上司，由于我和他在技术领域的意见不合，因此我最终选择辞职。当时，公司的其他一些同事（包括我的上级和下属）十分信任我、支持我，甚至和我一同辞职，并且一起创立了京瓷公司。

按照现在的说法，我当初可谓是冒着风险自主创业。但我并非为了创业而创业，当时只是在研发、量产和销售方面拥有成功的自信，因此毫不犹豫地埋头努力。可京瓷创业初期的产品只有一种，就是提供给松下电器的显像管绝缘材料，完全是单一品种生产的典型。因此我当时常怀危机感，担心产品会被时代所淘汰。

事实也的确如此，两三年后，这种用于显像管的陶瓷绝缘材料便退出了历史舞台——美国的 RCA 公司发明了玻璃材质的替代品，其成本低廉，且性能优异。于是这种玻璃绝缘材料渐渐进入了日本市场，首先被东芝引进，接着是日立和三菱。在短短数年内，京瓷创立之初的唯一龙头产品便成了风前残烛、岌岌可危。

于是我立即决定生产同样的玻璃绝缘材料。由于玻璃并非京瓷当时的专业领域，因此我们遍访大阪近郊的中小玻璃厂，一家家地问"是否能生产这种成分的玻璃"。棘手的是，我们要的玻璃是一种名为"硼硅酸玻璃"的特种玻璃，其硬度超高，因此在业内也被称为"硬玻璃"，一般的作坊和工厂无法生产，而跑遍大阪近郊后的结果也令人失望，所有玻璃厂的答复都一样——"从没做过这种玻璃，而且也不知道怎么做。"

后来，我们又拿着调配好的玻璃材料粉末前去，结果玻璃厂依然说没法做。实在没办法，我们只得自己买制造玻璃的坩埚，并拜托玻璃厂借锅炉一用，获得允许后，我们便在玻璃厂里搞起了试验，可硼硅酸玻璃一旦受热熔化，便在瞬间侵蚀坩埚，使之穿底，最后连锅炉都一并报销了。原来，制造硼硅酸玻璃需要特殊材质的坩埚，可由于缺乏经验，我们之前并不知道这点。

就这样，通过跌跌撞撞的摸索，在最初的产品（显像管陶瓷绝缘材料）完全在市场消失之前，京瓷终于及时推出了硼硅酸玻璃材质的替代品。直到现在，日本、中国以及东南亚地区生产的电视机显像管中，依然有这种玻璃材质的细长绝缘部件。如今，该部件的批发价格已经降至每根 1～2 日元，但滋贺县的工厂依然在生产，由于产量高达数亿根，因此照样能够保持不错的利润。

与此同时，我们也在研究陶瓷材料的新用途。既然陶瓷能用作电视机显像管的绝缘材料，那么自然也能够充当真空管的绝缘材料。当时，电子仪器中使用的还是真空管，像日本放送协会（NHK）等广播电台都配备用于发射和接受电波的大型真空管。为了能让京瓷生产的陶瓷绝缘材料用在真空管里，我拜访了东芝、日立等知名电子产品制造商。正因为担心光靠给松下电器提供显像管绝缘材料无法生存，我才会去努力尝试产品的新用途、开拓新市场，从而闯出一片新天地。

又过了不久，晶体管和集成电路（IC）替代了真空管。等到 IC 成为主流，那么京瓷之前积累的行业优势就会彻底消失，因此必须与时俱进。于是京瓷又研发出了收纳 IC 的容器，即所谓的半导体陶瓷封装，这也是京瓷进军半导体元件领域的起点。可见，面对日新月异的行业变革，凭借"门外汉"独有的自由发散思维，再以危机感和饥饿感为原动力，便成就了京瓷的不断发展。

除了绝缘外，耐磨是陶瓷材料的另一优势。为此，我又开始想方设法发挥它的这一特性，比如用在工业生产设备的磨损件中。当时不少生产设备的部件都是金属材质的，十分容易磨损，尤其是负责滑动摩擦的部件，在较短时间内就会报废。为了用陶瓷部件代替它们，我又拜访了各家工业生产设备的制造商，试图为陶瓷材料创造出新的市场和卖点。

起初我并没有明确的想法，不知道究竟该把陶瓷材料用在生产设备的哪些地方，因此在走访各家制造商时，只是一味地问："陶瓷拥有超强的耐磨特性，贵公司有没有因为金属部件快速磨损而感到困扰的地方？"

在这样投石问路的过程中，我在纺织品制造业中发现了商机。以织机为例，由于其运转速度极快，一条条线在短时间内变成了一块块布匹，因此负责穿线的金属部件极易磨损。如今，纵观纺织品制造业，几乎所有机器的相关部件都是陶瓷材质的了。正是凭着这种不断探索的精神，京瓷才得以成功开拓一个又一个市场。

继纺织品制造业后，我又在汽车行业中发现了商机。和织机同理，汽车的水泵中也有类似的耗材。以前汽车的冷却器经常漏水，所以时常能见到发动机"开锅"的汽车在路上抛锚。因为冷却器负责循环用于冷却的水，从而为发动机降温，而循环要靠水泵。水泵独立于发动机，依靠皮带传送的动力运转，而其转动装置中有一个橡胶材质的密封部件，该部件叫油封，其起到防止漏水的作用，可使用时间一长，油封就会磨损老化，从而导致漏水，于是便有了发动机"开锅"的现象。

即便使用弹性良好且较为耐磨的橡胶材料，在过了一段时间后，发动机照样会"开锅"。后来，欧美的车企首先开始使用陶瓷和碳纤维材质的油封，面对这样的行业动向，我立即前往各家车企推销京瓷的陶瓷材料。我当时对各家车企的负责人宣传道："只要用了我们京瓷的陶瓷油封，就能解决水泵漏水的问题。"如今已经很难在路上看到由于发动机开锅而抛锚的汽车了，这是因为陶瓷材质的油封已经普及。

由此可见，当研发出一种材料或产品时，可能一开始根本不知道其用途所在。以陶瓷材料为例，我最初只知道它有绝缘和耐磨的特性，但在危机感的鞭策之下，我不断开发出了其各种用途。

我大学时的专业是化学，也学过一点机械工学。凭着这点儿基础，我当年在研究如何拓展陶瓷材料的应用范围时，主要参照了各种机械工学方面的书籍和资料，从而思考出在各种机械设备中运用陶瓷材料的可能性，先是陶瓷车床，然后是气动滑尺、多轴钻孔机等精密设备中的陶瓷轴承，一直到目前刚进入研发阶段的陶瓷发动机。这种新型发动机的前景十分广阔，它不但能用作汽车发动机，还能用于发电机组。或许在数年之后，这一梦想便能实现，我对此非常期待。

不仅如此，我还将陶瓷技术用于人造骨骼和宝石结晶等领域，不断拓展精密陶瓷的应用范围。通过反复创造市场、创造需求、创造新产品、创造新技术（也就是所谓的"四大创造"），才有了京瓷今日的成就。

从骨干企业蜕变为大企业

我刚才讲的内容很简单，与在座的各位相比，不少京都知名企业创始人的起点要低得多，既缺乏技术实力，又只会生产单一产品，但由于害怕自己的公司倒闭，在这种危机感和饥饿感的驱使下，再加上努力钻研和探索，通过不断研发技术和产品，使企业得以发展壮大，这便是中小微型企业成长为骨干企业的过程。那么问题来了，接下去的路该怎么走呢？

设定目标是关键，假如单纯把欲望作为公司的发展目标，那么就会把目标矮化为一系列数字，譬如"想让公司的销售额达到 100 亿日元""想让公司的销售额突破 150 亿日元"等，一旦目标达成，危机感和饥饿感就会消失，取而代之的是自满情绪，于是企业便无法进一步成长，只能停留在骨干企业的层次上徘徊不前。

　　换言之，如果企业家只把满足私欲和赚取金钱作为奋斗目标，那么其规模和格局只能止步于骨干企业。若想从骨干企业跃升至大企业，就必须转变观念，即不再将企业的发展目标基于自身的欲望，而是从更高层次和境界出发。

　　我曾经做过题为"谦虚不骄，更加努力"的演讲，也一直坚持慎独，告诫自己切勿骄傲自满。该思想的原点是"不可将个人才能私有化"，正因为我一直认为人不可将自己的才能私有化，所以才能一直保持谦虚谨慎的态度。

　　纵观自然界，可谓充满了多样性，各种各样的生物和人类同生同栖在这颗星球上。尤其在人类社会，既有能力出众者，也有能力平平者，还有其他形形色色的人。假如人人都具备领导才能，人人都是企业家，那么谁来具体执行？谁来落实计划？谁来负责劳动呢？这样一来，社会必然会失去平衡。社会成立的条件是分工合作，有的人管理企业，有的人认真工作，有的人提供服务，这种多样性是必不可少的。

由此可见，为了让社会和谐运转，拥有领导才能的企业家亦是不可或缺的，有需求就有存在的意义，因此有的人生来就具备管理企业的才能。另一方面，纵观京瓷的历史沿革，我们可以看到，其起点是稻盛和夫这个人的自主创业，他先是社长，后来是会长，并且把京瓷从小企业打造成了国际化的大企业。那么我问大家，稻盛和夫成为京瓷的领导人，是否有着历史的必然性呢？我认为答案是否定的。并不是非稻盛和夫不可，只要拥有相应的才能，其他人也照样能把京瓷做大做强。再说得直白一点，假如在座的某一位代替我经营京瓷，而我作为盛和塾的学员坐在下面，也不会对人类社会及整个宇宙造成丝毫影响。对社会和宇宙而言，只是需要一个角色，这个角色需要成立一家类似京瓷这样的企业，并把它做大做强，使之成为社会表率。这个角色并不是非日本鹿儿岛出生的稻盛和夫不可，只是在各种机缘巧合之下，才使稻盛和夫这个人接受了神灵赋予的使命，于是成了创立和经营京瓷的企业家。

我以前曾与哲学家井筒俊彦⊖先生和心理学家河合隼雄⊜先生攀谈。井筒俊彦先生说，他在用冥想探求自己的内心时，最后进入了一种"唯有'存在'才存在"的意识状态。他说："一旦通过冥想入定，意识就抛弃了分别心，只剩'存在'的概念，但这种'存在'可谓森罗万象。于是我能切身感受到，大千世界的一切物象（包括我自己）归根到底都只是'存在'二字而已。"对此，河合先生点评道："人们一般

⊖ 井筒俊彦（1914—1993），哲学家、语言学家，致力于希腊神秘主义和语言学的研究。——译者注
⊜ 河合隼雄，1928 年生。临床心理学者、心理治疗师。曾任日本文化厅厅长、日本京都大学教育学院院长、国际日本文化研究中心所长等职。他还是日本第一位荣格心理分析师。——译者注

会说'这里存在着花'，但其实是'存在以花的形式展现在这里'。"换言之，二位学者都认为万事万物的根源都是毫无分别的"存在"，这种"存在"千变万化，演化为各种物象。

此外，天台宗的佛学思想认为"山川草木悉皆成佛"，不管是草木还是山川，万事万物皆有佛性。换言之，我们皆是佛，但是我们既然拥有肉身，就会存在差异。因为具备肉体，肉体中驻有才能，才能有差异。

因此在我看来，我的才能只是神灵的恩赐而已。这份才能并非舍我其谁，也可以赐予别人。这个时代和这个社会需要一家像京瓷这样的企业，需要这样一名企业家，而我只是一个偶然被选中的角色而已。

如果能想通这一点，那么一切便豁然开朗——自己之所以拥有这样的才能，仅仅是因为神灵把它暂时"寄存"在自己身上而已，为的是让自己在仅此一次的人生中为社会、为世人做贡献。既然如此，那么自然不可恃才傲物、妄自尊大。因为对才能抱有执着心，认为它是自己的财富，才会不知不觉变得傲慢，所以必须根除这种杂念。为此，我一直告诫自己要"谦虚不骄，更加努力"，且一直将其付诸行动。

在座的各位亦是如此，神灵之所以赐予大家作为企业家的才能，是让大家把企业做大做强，雇用更多的员工，并在即将到来的 21 世纪为社会的进步做出贡献，因此不可以把才能视为私有之物。

所以说，企业家不要把肤浅的欲望作为公司发展的目的和目标，而应该转变思维，思考人生的真谛。经常有人问我："你的公司都已经这么大了，你却依然如此努力。为什么这么拼呢？难道觉得赚的钱还不够多吗？"这实在是大错特错。我之所以坚持努力奋斗，是觉得自己的才能并非私有物，应该为社会、为世人尽力发挥作用；此外，在把企业不断做大做强的过程中，我也发现了人生的意义，并享受了成就的喜悦。努力奋斗，造福他人，收获善意，最终使我自己也感到幸福快乐。

作为经营公司的企业家，只有像这样转变和升华自己的价值观，公司才能从骨干企业蜕变为大企业。换言之，只有领导自身突破了目的意识的瓶颈，企业才能更上一层楼，从而由骨干企业成长为大企业。

时间到了，我今天的讲话到此结束。

要　点

才能必须为社会所用，为自然所用，为宇宙所用。作为经营公司的企业家，不能为了自己的私利，而应该为社会、为自然、为宇宙尽力。唯有从这样的思想境界出发，才能把企业做大做强。

○

要想让事业成功、企业发展，靠的是平日看似不起眼的点滴积累，即在平凡的日常工作中不断努力、埋头钻研，并拼尽全力。不管是继承于父母的事业，还是自己白手起家的事业，倘若不付出不亚于任何人的努力，就无法顺利发展。

○

在京都这片崇尚革新的土地上，缺乏技术却思维灵活的门外汉从生产单一产品做起，像二宫尊德那样坚信"至诚所感，天地为动"，同时还重视纯粹的动机和善念，并且拼命地埋头努力，从而促成了中小企业的成功。

○

以危机感和饥饿感为原动力，加上不断钻研和创新，为了克服单一品类所带来的不确定性，不断努力研发新产品和新技术，从而使企业持续发展壮大。在这样的过程中，中小企业便逐渐成长为骨干企业。

○

如果企业家只把满足私欲和赚取金钱作为奋斗目标，那么其规模和格局只能止步于骨干企业。若想从骨干企业跃升至大企业，就必须转变观念，即不再将企业的发展目标基于自身的欲望，而是从更高层次和境界出发。

○

在人类社会，既有能力出众者，也有能力平平者，还有其他形形色色的人。假如人人都具备领导才能，人人都是企业家，那么谁来具体执行？谁来落实计划？谁来负责劳动呢？这样一来，社会必然会失去平衡。社会成立的条件是分工合作，有的人管理企业，有的人认真工作，有的人提供服务，这种多样性是必不可少的。

○

自己之所以拥有这样的才能，仅仅因为是神灵把它暂时"寄存"在自己身上而已，为的是让自己在仅此一次的人生中为社会、为世人做贡献，既然如此，那么自然不可恃才傲物、妄自尊大。因为对才能抱有执着心、认为它是自己的财富，才会不知不觉变得傲慢，所以必须根除这种杂念。

创业的才智

盛和塾中部地区塾长例会讲话
——1996 年 9 月 19 日

　　在盛和塾中部 3 大分部（名古屋、岐阜、三重）共同举行的例会上，稻盛做了讲话。

当时，日本的经济大环境迟迟未恢复景气，不少盛和塾的学员十分苦恼，不知如何创造出新的利益增长点。在这次讲话中，稻盛列举了一些代表性的京都企业，介绍了它们从新兴小企业发展为大企业的成长轨迹，并阐明了这些企业家的共通点——创业的才智，从而道出了中小企业应该如何发展壮大的真谛。

能将稀松平常之事变为事业者便是事业家

何谓事业家？能把看起来人人会做的简单事情变成事业的人，便是事业家。这听起来似乎像禅学一般玄乎，但其道理的确真实不虚。事业并不一定是轰轰烈烈的丰功伟绩，许多企业家在白手起家时，做的都是毫不起眼、稀松平常的生意。

如今，"新兴企业"这个词被广泛使用，面对日新月异的行业和层出不穷的投资，不少学员可能会想："如今不少新兴企业可谓占尽风头，它们要么拥有优秀的技术，要么拥有特征鲜明的业务，成了投资界的宠儿。与之相比，我的公司在技术和业务层面都不出彩，究竟该如何生存呢？"的确，假如在创业之初便具备人无我有的技术，开拓前无古人的领域，那自然能够获得非常大的优势。但在我看来，与这样的成功者相比，那些在稀松平常的普通行业创业成功的人更值得尊敬，也更具有榜样作用。

有的经营者是白手起家，有的则是子承父业。但纵观如今的中小家族企业，将近一半的年轻人似乎都不愿意接班。有的行业和生意在我这代人看来颇有前景，但在年轻人眼中并非如此。因此不少年轻人不愿继承企业，宁愿大学毕业后在大公司当个白领。但有时造化弄人，比如父亲年老体衰，病情日益严重，于是他们只得听从召唤，在将近 40 岁时辞去工作，子承父业，成了家族企业的接班人。在我接触的学员中，有不少属于这种情况。

传统中小企业所从事的行业往往比较平凡，既没有高科技，也没有新话题，因此不少年轻人完全不愿意子承父业，但迫于各种现实原因，譬如刚才提到的父亲年迈，或者自己是家中长子，于是极为不情愿地被"赶鸭子上架"。像这样的第二代甚至第三代接班人，由于对自己公司的生意并不看好，因此不会对自己的企业和事业产生自豪感，于是导致公司业绩低迷。要想让继承来的企业发展壮大，首先要转变消极的心态，要打心底认为"这样的事业太棒了""父亲交给我的生意太棒了""我对这份事业感到骄傲"。换言之，唯有心境转变，企业才会转变。

事业之路并非铺满红毯的华丽天桥，而是始于足下的崎岖路途。许多令人羡慕的事业并非一蹴而就，而是源于平凡事业的不断积累。总之，所谓事业家，就是能把看起来人人会做的简单事情变成事业的人。

物流部门的成功创业

如今的京瓷规模巨大，在日本本土，北至北海道，南至鹿儿岛，都有京瓷的工厂。而海外的工厂数量也不少。以京瓷日本本土的工厂为例，一家工厂中有多个事业部，每个事业部则按照产品分类来设置各个组织。京瓷采用的是"阿米巴经营方式"[一]，不同的生产线和品类由不同的组织（阿米巴）负责，并且在财务方面采取独立核算的方式。这是我在创业伊始制定的企业管理体系，正因为拥有这样的会计制度，所以业内经常称赞京瓷的生产线和生产系统效率极高且无浪费。

即便如此，京瓷也有不搞独立核算的部门，刚才提到，像生产、营业等部门是独立核算的，但诸如总

[一] 阿米巴经营是京瓷公司的管理方式，其以各个"阿米巴"的领导为核心，让其自行制订计划，并依靠全体成员的智慧和努力来完成目标。这种方式让每名员工都能主动参与企业经营，从而培养员工的主人翁精神。——译者注

务、财务、人事等提供服务的间接部门是不独立核算的。这些间接部门是靠各事业部的营收来养活的。

除此之外，还有一个部门也没有独立核算，那就是负责装箱打包并发送货品的部门。工厂的各个事业部分别生产各自负责的产品，完成的产品交给质检部门，通过检验的合格品便被送至该部门，由该部门负责装箱、打包和发货。由于它与所有事业部都有业务往来，因此由各事业部拨款来维持其运营，而各事业部的拨款则来自它们独立运营的利润。在这种多方出资、多方监督的前提下，虽然该部门自身不用独立核算，但依然没有出现任何的无谓浪费，其组织结构也相当合理。

然而，3年前（即1993年），京瓷的伊藤谦介社长建议让该部门独立运营。由于京瓷自己并没有运输公司，因此全部委托外部的运输公司送货，包括发往国内的和海外的。对于负责发货的社内物流部门，伊藤谦介社长毅然决定将其改制为独立核算的事业部。

生产部门拥有优秀的技术实力，能够生产出各种优良产品。前面说过，物流部门把检验合格的产品装入大型纸板箱，打包后入库，并进行库存管理；待外部的运输公司前来取件时，就在委托运送的货品上贴上发货单，然后发至日立、东芝等客户那里。可见该部门基本上只提供服务，但伊藤谦介社长却要求其独立运营。

既然要改制为事业部，那么就需要新的事业部长，于是在公司里公开招募，我们问道："公司打算把负责装箱、打包和发货的部门改制为事业部，谁愿意当事业部长？"结果滋贺工厂的主管毛遂自荐，成了该事业部的部长。装箱、打包和发货这样的作业不需要什么高科技，可谓人人都能做，再加上其直接"客户"是各大负责生产的事业部门，因此其结构和运作已经趋于成熟化和合理化，但既然独立，就必须盈利。

前面讲过，其之前的运作资金（包括支付给外部运输公司的托运费）全部来自于各事业部的拨款，因此每年都会把拨款花完，自然谈不上什么盈利。该部门的员工只负责装箱、打包和发货。打包完成后，用电脑打印出发货单，贴在包装箱上，然后委托外部运输公司送货，仅此而已。从该部门独立时算起，已经过去了 3 年，如今其情况如何呢？

上任后，那名原为滋贺工厂主管的事业部长就立即走访了京瓷的各家工厂，对各家工厂进行视察，一旦发现装箱打包没有实现流程化作业，便加以整改。而且在整改过程中并不使用什么技术和设备，而是不花一分钱，凭借智慧来找窍门、想办法，最终实现了作业的流程化。他还通过各种方式来节省成本——鉴于该部门的工作内容较为简单，因此他使用年纪较大但工资不高的员工。

此外，他还改变了之前的发货方式。比如，以前从鹿儿岛工厂发货时，该部门会按照收货地址逐个打印发货单，并分别委托不同的运输公司送货。而他则事先按路径将货物分类，把从中部发往关东地区的货品进行归总，然后先一并发往名古屋。换言之，他先叫一家运输公司用一辆卡车把货物全部送到名古屋的中转仓库，在那里进行分拣后，再分别送到关东地区的各家客户那里。

通过这样的改善活动，先前"粗放交叉型"的发货方式转变为了"分拣条理型"，因此他又和运输公司进行交涉，要求对方优化配送方式并降低托运价格。结果，在改制 3 年后的 1996 年 9 月，其上半年度的销售额估计在 19.37 亿日元左右。所谓销售额，是指其从各事业部收取的物流和仓管费用。而其税前利润为 4.9 亿日元，利润率达 25.3%。

与独立核算之前相比，该部门从各事业部获得的资金已经大幅减少，却依然创造出了如此高的利润。前面说过，在改制之前，该部门的组织结构已经相当合理，但为了促使其进一步改革，与之前全额拨款时相比，各事业部向其支付的金额有所减少，可该部门不但没有亏损，反而有了可观的盈余。我反复强调过，该部门的作业内容非常简单，根本不需要什么高科技，却依然能够做成一项赚钱的业务。由此可见，看似稀松平常之事，照样可以成为事业，而能做到这一点的人，便是事业家。

钻研创新创造高收益

我虽然已经到了这把年纪，但依然干劲十足，即便再次从零做起，比如开一家拉面路边摊，只要1年，我照样能干出一番事业。有人会说，拉面路边摊随处可见，这种稀松平常的买卖怎么可能成就大事业？但我不这么认为，哪怕是一家普普通通的拉面路边摊，照样能够获得高收益。当然，必须在口味方面下功夫，把拉面做得美味可口；还必须在价格方面下功夫，让顾客觉得性价比很高。在满足这些条件的前提下，依然可以赚取较高的利润。这一切靠的是智慧和努力。

所谓"事业"，顾名思义，就是把看似人人都能做的"事情"当作一个严肃的"行业"来耕耘。许多中小企业家之所以无法盈利，问题出在方式方法上。

就拿刚才讲到的京瓷社内物流部门来说，按照普遍观点，该部门是不可能盈利的，可它却实现了超过 25% 的利润率。按理说，看到该部门在独立核算后居然如此盈利，其他各事业部应该感到愤愤不平——"仅仅是装箱、打包和发货的简单作业，居然赚这么多！"可他们并没有发这样的牢骚，原因很简单——因为他们提供的经费比全额拨款时要少得多。假如各事业部有人提出质疑，社内物流部门的领导完全可以如此回应："之前全额拨款时，（你们）给我们的经费要比现在多得多，可也没见你们有什么不满。现在经费大幅减少，但我们部门依然实现了盈利，这一切靠的是我作为企业家的才智。所以说，之前全额拨款时，是你们各事业部自己在浪费经费，怪不得别人。"

京瓷的"阿米巴经营方式"已经算是深入细节、面面俱到了，可却依然在社内物流方面存在盲点，导致了经费的浪费。由此可见，不管哪个行业，都像该物流部门一样，完全拥有实现高收益的可能性，比如为大企业服务的代工行业。

不少从事代工行业的企业家都会叫苦，有的说"从我父亲那辈起，家里的公司就一直给大企业代工，对方老是压价，根本没钱赚"，有的说"我的公司没有技术，大企业只会把一些没赚头的劳动密集型产品扔给我们做"。但请各位想一想，在提出代工要求时，大企业势必估算过相应产品的生产成本，假如代工企业能够开动脑筋、优化细节，照样能够削减成本、创造收益。没错，大企业之所以选择委托代工，的确是因为他们觉得自己生产没啥赚头，但作为接受委托的代工企业，却必须发挥聪明才智，从而保障自己的利润。在我看来，这么做不但是为了盈利，其对企业将来的发展可谓意义深远。

"门外汉的天马行空"造就了一批 京都企业的榜样

在京都这片土地上涌现了众多拥有独创性的优秀企业。不仅是京瓷，还有通过家用游戏机 Famicom ⊖而大获成功的任天堂，凭借半导体元件创造辉煌业绩的罗姆，以及凭借电子元件取得巨大收益的村田制作

⊖ Famicom 是 Family Computer 的简称，它是任天堂公司于1983 年发售的 8 位家用游戏机，也被称为红白机。——译者注

所，其他还包括欧姆龙[⊖]、堀场制作所[⊜]、华歌尔[⊜]等具有鲜明特性且盈利能力出众的大批京都企业。如果分析这些企业，会发现一个有趣的共通点——它们的创始人都是门外汉。

就拿华歌尔来说，其创始人塚本幸一先生原本是一名入伍士兵，在第二次世界大战时参加了缅甸国（现为缅甸）的英帕尔战役^⑲，他所属的师团几乎全军覆灭，他是三名生还者中的一个。在退伍回到日本后的第一天，他便当起了叫卖首饰的小贩。就在那时，塚本先生撞见了另一名小贩，那名小贩在卖一种原始

⊖ 欧姆龙集团（OMRON）创立于 1933 年，如今是全球知名的自动化控制及电子设备制造商。——译者注

⊜ 堀场制作所创立于 1945 年，是制造测量和分析精密仪器的龙头厂商。——译者注

⊜ 华歌尔（Wacoal）创立于 1949 年，是世界知名的内衣制造商。——译者注

⑲ 英帕尔战役（Battle of Imphal）是太平洋战争期间的一场战役，日军于 1944 年 3～7 月在印度英帕尔地区对英印军发动进攻。经过数月的激烈战斗，日军惨败，日军伤亡 6.5 万人，英印军伤亡 4 万人。——译者注

简陋的胸罩，只见他把钢丝绕成女性的胸型，然后在正反面缝上布料。这勾起了塚本先生的兴趣，于是他走过去问道：

"你做的这东西有人买吗？"

"你看着吧，今后日本女人的着装肯定会渐渐西化。这么多美国大兵进驻日本，为了赶潮流，以后穿和服的女人会越来越少，而穿洋装的会越来越多，但要想让洋装穿起来漂亮，胸型必须要大要挺，可日本女人的胸普遍较小，所以需要用这样的内衣来塑形。"

"有点意思，让我和你一起卖吧。"

这便是塚本先生创业的起点，由于身体营养失调而退伍，却在回国头一天就当起了小贩，在偶遇叫卖内衣的另一名小贩后，便开始了与内衣打交道的生涯，这是他创业的起点，也是华歌尔的起点。但各位要知道，不管对内衣还是面料，塚本先生起初都是一窍不通的。

再说罗姆，这家企业如今业绩斐然，其创始人佐藤研一郎社长比我年长一岁，毕业于立命馆大学理工科，据说他原本的志向是成为钢琴家，还在大学一年级时参加过比赛，并获得了二等奖，但他似乎对没能夺冠感到失望，于是放弃了当音乐家的梦想。后来，还是大学生的他，便发明了低成本制造碳素皮膜电阻器的方法，并取得了专利。所谓碳素皮膜，简单来说，就是粘在锅底的煤灰，把这样的煤灰涂在陶瓷材质的小棒上，便成了最为原始的碳素皮膜电阻器。当时，这种碳素皮膜电阻器已经被广泛应用于多个领域，许多业内的大公司都在生产，即便他当时想出了低成本的制造方法并取得了专利，但说实话，这并算不上什么重大发明。可就是凭着一股韧劲，从立命馆大学毕业后，他没有就业，而是选择了自主创业，在自己家里做起了碳素皮膜电阻器。可见，佐藤研一郎社长创业时不但毫无经验，而且原本怀揣的是钢琴梦，完全是个门外汉。

任天堂的总裁山内溥先生亦是如此，他如今可谓电子游戏界的权威，但在 20 年前，任天堂只是一家生产花牌和扑克的家族企业。在印制花牌和扑克时，不但需要将印好的整张纸裁切，还需要把数张纸粘在一起。任天堂并不完全靠自己完成整个生产流程，比如印刷就是外包的。换言之，从山内先生的祖父那一辈算起，任天堂原本只是一个裁切和粘贴纸牌的作坊而已。

在山内先生迈入知天命之年时，一家名为 Taito 的公司推出了一款名为"太空侵略者"（Space Invaders）的电子游戏，霎时间受到玩家的狂热追捧。面对风靡一时的电子游戏，山内先生打算进入这个行业。所以说，在任天堂进军电子游戏业之初，山内先生也完全是个门外汉。

接着再说说京瓷的同行——生产电子元件的村田制作所。虽然它与京瓷存在竞争关系，但我十分佩服这家特色鲜明、产品优秀且保持高收益的公司。该公司的村田昭名誉会长年轻时曾就读于旧制⊖商业学校，毕业后子承父业，在位于京都郊外山科区的一家陶瓷作坊烧制日本传统瓷器"清水烧"。既然是陶瓷作坊，其主要产品自然是茶碗之类的精致日用瓷器。在日本对外开战时，一位京都大学电气专业的教授突然造访他。

当时，以美军为代表的西方先进部队纷纷研究电子技术，并取得了巨大发展。有人说，日本之所以在第二次世界大战中被打败，是因为没有雷达。尤其在中途岛海战⊜中，据说美国舰队早就通过雷达侦测到

⊖ 所谓"旧制"，是指日本战败投降（1945 年）前所施行的学校编制。——译者注

⊜ 中途岛海战于 1942 年 6 月爆发，是第二次世界大战的重要战役。美国海军在该战役中成功击退日本海军，使美军取得了太平洋战区的主动权。——译者注

了日本舰队的动向，包括航母数量、战舰数量，以及舰队的具体方位和航向；反之，由于日军没有雷达，因此只能派侦察机前去刺探敌方动向。等日军侦测到美军舰队时，其自身动向早已被美军牢牢掌握，因此几乎全军覆没。

当时的日本当局把雷达称作"电波信号探测器"，而日军在其击落的美军 B29 轰炸机上发现了类似的设备。经过拆解和研究，发现其中包含陶瓷材质的部件。在进一步调查研究下，发现它原来是一种高性能的电容器。于是日本陆军方面要求各大院校的相关专家教授开展研究，从而制造出雷达。其中的一人（也就是刚才提到的京都大学教授）便找到了当时只有区区数名员工的村田制作所，并拿着样品问道："你们能做这样的东西吗？"

村田昭名誉会长是个好奇心很强的人，对此答道："我们试试看吧。"这便是村田制作所进军电子元

件领域的起点，可没等电容器完成，日本便战败投降
了。但战后不久，一股无线电热潮席卷了日本，而村
田制作所适时推出了电容器产品，从而为其在电子领
域的发展打下了基础。刚才说过，村田昭名誉会长毕
业于旧制商业学校，完全没有学过化学和电子方面的
专业知识，也是一个彻彻底底的门外汉。

纵观这些如今叱咤风云的京都企业，它们不但盈
利能力出众，而且业绩优良，但其实它们和京瓷的物
流部门类似——都是在没有技术的零基础上一路发展
而来的。换言之，它们的创始人起初都是门外汉。

京都企业掌门人共通的八大性格特征

刚才讲到，这些京都企业的掌门人原本都是门外
汉，却毅然自主创业，并在所耕耘的领域中获得成
功。纵观这些人的秉性和品格，能够发现八大共通

点：其一，乐于冒险；其二，勇于挑战；其三，争强好胜；其四，敢于创新（这里的创新并不仅仅指创造力，还包括不满足于按部就班和陈规旧律的性格）；其五，充满正义感；其六，积极开朗；其七，充满叛逆精神；最后一点，努力勤奋。

独特的技术实力和优异的行业环境并非创业的必要因素。要想创业成功，关键在于刚才提到的八大性格特征，如果拥有这些性格特征，再加上不亚于任何人的努力，那么即便从事的是稀松平常、看似没赚头的行当，即便是一窍不通的门外汉，也依然能够取得成功。

在明治时代，内村鉴三写了一本书，题为《代表性的日本人》，这本书用英文写就。当时正值明治维新时期，为了与西方列强展开竞争，日本在如火如荼地推进工业化。他之所以写这本书，就是为了让世界各国了解日本人。在书中，他介绍了西乡南洲

（隆盛）[⊖]、上杉鹰山[⊜]、二宫尊德等日本名人，并描述了他们的人格魅力，其中让我印象最为深刻的是介绍二宫尊德的章节。

内村鉴三在书中把二宫尊德称为"极为勤勉之人""以道德准则为金科玉律的德行之典范""坚持努力的诚实之人"。

此外，书中还把二宫尊德的事迹总结为"至诚所感，天地为动"。不管有没有人看到，他都从早到晚刻苦努力，其诚实、勤奋和认真的态度感动了天和地，使天地都忍不住出手相助。换言之，他的精神打动了神灵。但内村鉴三在书中故意没有使用"神灵"之类的字眼，而是以"天地"代之，于是便有了"至

⊖　西乡隆盛（1828—1877），日本江户时代末期（幕末）的萨摩藩武士、军人及政治家，他和木户孝允（桂小五郎）和大久保利通并称"维新三杰"。——译者注
⊜　上杉鹰山（1751—1822），日本江户时代第9代米泽藩藩主，他对米泽藩成功改革，被美国前总统约翰·肯尼迪誉为"最值得尊敬的日本人"。——译者注

诚所感，天地为动"的说法。

《经营 12 条》中有一条叫"付出不亚于任何人的努力"，其与二宫尊德的精神如出一辙。只要付出不亚于任何人的努力，就能够成就任何事业。所以说，诸如"父辈传下来的生意不好做""祖父辈传下来的事业没赚头"之类的消极态度都是错误的。没有不好做的生意，没有没赚头的事业，只有不合格的企业家。只要像二宫尊德那样拼命努力，不管从事什么行业，不管有没有高科技，都能取得高收益。

以做宽面条的面馆为例，有的能赚得盆满钵满，有的却深陷赤字泥潭，之所以有这样的区别，其最关键的因素便是"勤奋"二字。刚才讲到了一些优秀的京都企业，分析它们的创始人可以发现，他们除了拥有刚才介绍的性格特征外，还都付出了不亚于任何人的努力。当然，努力也属于"八大性格特征"中的第八点。

大家一开始都是门外汉

华歌尔的塚本先生一开始卖的是钢丝材质的简陋胸罩，罗姆的佐藤先生一开始卖的是家庭作坊生产的碳素皮膜电阻器，村田制作所的村田先生在战后靠卖便携式收音机的电容器部件起家。大家起初都是没有雄厚技术实力的门外汉，但同时又都是勇于挑战且努力奋斗的实干家。所以说，即便在起步阶段只会生产单一产品，但他们坚持拼命奋斗，从不松懈。

再以面馆为例，假设一个人开了家面馆，由于刚开业，再加上手艺不精，因此只会做宽面。虽然店面有模有样，但提供的菜品却只有宽面。换言之，这家面馆和只做胸罩、只做碳素皮膜电阻器或只做电容器的单品类企业性质相同。

在大学时，我主攻的专业是化学，而对于精密陶瓷领域的相关知识，我只突击学习过一段时间。我起初打算去与石油化学或制塑工艺相关的企业就职，因此把有机化学定为毕业论文的主题，可却迟迟找不到工作。最后总算有一家名为松风工业的公司要我，它主要生产绝缘子，说穿了就是一家京都的陶瓷制品厂。为了胜任将来的工作，我只得在毕业前夕临阵磨枪般地恶补相关知识。所以说，我从接触工业陶瓷到入行，前后也就 4 年，虽说一直在从事该领域的研发工作，但满打满算也就 4 年左右的积累，根本不算什么。从这点来说，我与门外汉其实也是半斤八两。

在刚创立京瓷时，用在电视机上的绝缘部件是我们公司唯一的产品，而且松下电子是我们唯一的客户。当时的日本刚刚开始传输电视信号，而松下电子引进了荷兰飞利浦公司的相关技术，从而开始生产显像管，而显像管中需要用到的绝缘部件便由京瓷提供。所以说，在创业之初，京瓷只有一种产品。

大家一开始都是门外汉，同时也都是拼命努力的实干家。但由于缺乏技术和经验，因此只会做一种产品，即所谓的"单品类生产"。既是"菜鸟"，又"只会一招"，的确十分不利。一般来说，在这样的条件下，创业是非常困难的，但其实并非如此。俗话说"罗马并非一日建成"，看似希望渺茫的创业条件，却往往是千里之行的起点。有的人说，"没有技术的新兴企业只有死路一条"，我对此不敢苟同。"一穷二白""一无所有"恰恰是创业的前提。假如因为缺乏技术或者产品单一而灰心丧气，那就注定一事无成。

凡事皆有两面性，正因为是门外汉，才能做到"无知者无畏"，即不被所谓的"常识"束缚，敢于打破陈规、突破既定惯例，进而充分发挥自身的想象力。

但刚才也说了，在初级阶段，缺乏技术和产品单一可以理解，但随着企业的不断发展，这样的现状毕竟会让企业家渐渐感到不安，从而担心"公司将来路在何方"以及"产品滞销导致公司倒闭"等，即所谓的危机感。一旦充满"危机感"，不满足于现状的"饥饿感"也会油然而生，但这些企业家并没有向现实低头。他们不但充满叛逆精神，而且永不服输，于是化危机感和饥饿感为动力，努力奋起，硬是闯出一片天地。虽然没有技术，也非业内专家，但俗话说"穷则思变"，为了冲破发展瓶颈，于是开始不断创新。

因为自己不懂，所以前往各大院校寻找专业对口的教授，对他们说"我们公司现在在从事这样的项目，接下来有这样的计划，能否提供相关技术"，或者找到相关专业毕业的优秀亲戚，对他说"你来我公司上班吧"，并让他从事相关的研发工作。总而言之，在危机感和饥饿感的驱动之下，企业家会使出浑身解数，从而使自己的创意开花结果。

人们经常会强调研发工作对于企业的重要性，而

"研发"这个词总给人一种高端大气的感觉。然而在现实中，尤其对中小微型企业而言，研发谈何容易，但这并不是说没实力就完全无法研发，因为研发的起点其实非常简单明了，无非就是一种被紧迫感所驱使的创意思想。一些大型研究机构设备齐全、人才济济，却无法研发出有用的成果，而只是在做学问而已；与之相对，毫无相关知识和技术的门外汉在现实的逼迫下绞尽脑汁、发挥创意，而这恰恰是研发的原点。换言之，正由于为了解决现实问题而冥思苦想，因此才激发出了头脑中的创意。

再以罗姆的佐藤先生为例，由于光靠碳素皮膜电阻器难以在竞争中生存，于是他开始研发和生产金属皮膜电阻器，后来又推出了更为高级的厚膜电阻器。但不管是金属皮膜电阻器还是厚膜电阻器，都不是他最早发明的产品。就和当初的碳素皮膜电阻器一样，一些大企业早已在生产这两种产品了。但正是出于对只生产碳素皮膜电阻器的不安，出于害怕企业会因此倒闭的危机感和饥饿感，佐藤先生才毅然决定迎头赶上那些大企业，于是扩大了自家电阻器的产品线。

后来，罗姆又进军混合集成电路（Hybrid IC）领域，当时普遍认为这种半导体行业是大企业的天下，但罗姆却凭着"初生牛犊不怕虎"的精神，毅然进入该领域，并且依靠自身的创造力，打破陈规、突破既定惯例，走出了一条崭新的发展之路。

罗姆的策略非常巧妙，面对强手林立、危机四伏的半导体领域，其专门从事其他大企业放弃的业务。换言之，在半导体技术日新月异的发展之下，大牌的半导体制造商往往会不断抛弃所谓"技术老旧"和"不太赚钱"的产品和业务，而罗姆则把它们统统承包。按照佐藤先生自己的说法，罗姆好比是"半导体行业中的拾穗者"。可别小看"拾穗者"，其如今的利润率高达 20% 有余。

不光是罗姆，刚才提到的那些京都企业都是以单品类生产为起点，一步一个脚印地发挥创意，从而发展壮大的。京瓷亦是如此。

大家一开始都是门外汉，这并非劣势，反而是一种优势。正所谓"才子为才所累"，专家往往会被自己丰富的专业知识束缚思维；反倒是"无知者无畏"的门外汉能够天马行空，从而通过创意来攻克一道道难关。换言之，老天是公平的，门外汉虽然缺乏技术和知识，但拥有自由发散的思维，而这是非常重要的优势。

多元化发展是稳步成长的必要条件

我再举个例子，想必各位都听说过"3M"这家公司。由于代理关系，它在日本叫"住友3M"，而在美国，3M是一家名声响当当的大公司，它的起家史非常有意思。

当年，3M 的创始人在赚了第一桶金后，就有骗子找到他，说在明尼苏达有一座矿山，其蕴藏着高价的贵金属。在骗子巧舌如簧的劝诱之下，他买下了那座矿山，并请相关专家前去调查矿藏水平，结果发现矿藏早已被人开采殆尽，剩下的只是一座毫无用处的废矿山，除了采矿后留下的残渣废石，可谓别无他物。换言之，他花重金买下了一座毫无经济价值的山，这让他损失惨重。

碰到这种倒霉事，换作普通人，早就心如死灰、申请破产了，但真正的企业家是一种非常有趣的"物种"，他一边打量着满山的废渣，一边在脑中拼命思考，誓要想出个摆脱困境的办法。人们常说"企业家绝对不肯白白吃亏"，他便是其中的典型。

他发现，那座废矿山到处都是开采后留下的沙子，这种沙子名为石英砂，质地和颜色有点类似海滩边的白沙，于是心生一计——在纸上涂好煤焦油，然后把石英砂粘在上面，这便是砂纸最早的雏形。由于明尼苏达周边有不少车企的工厂，因此这种用于打磨的砂纸渐渐有了销路。

然而在使用过程中，这种最原始的砂纸出现了问题——由于使用煤焦油充当黏合剂，因此黏性较弱，于是他走访各大学府，邀请相关专家研发能够牢牢粘住石英砂的胶水。换言之，因为自身没有相关技术，所以向大学教授寻求帮助。

有意思的是，在解决了黏性的问题后，砂纸的销量大幅增加，接着他开始将产品细分化——把石英砂进行粉碎打磨，用细颗粒的做成细磨砂纸，用粗颗粒的做成粗磨砂纸。不仅如此，为了克服砂纸易破的问题，他又推出了以布料为载体的砂布。这些新产品的销量节节攀升，在不知不觉中，3M 已然成为全世界最大的砂纸产品制造商。

发展到这个阶段，客户对 3M 的产品又有了新意见——石英砂容易脱落，砂纸不耐用。要想解决该问题，光靠增加胶水黏度是不行的。因为磨钝的石英砂即便牢牢附着在纸上，也无法发挥打磨的作用。理想的状态是"适时脱落"，即让还能打磨的尖锐石英砂留在纸上，而让已经磨钝的石英砂自然脱落。换言之，最好能让"完成使命"的石英砂及时脱落。为此，就需要砂纸的黏度恰到好处，这就对胶水的性质和工艺提出了高要求。

在这种现实需求的驱动下，3M 又开始研发新型胶水。在该过程中，3M 试着把新胶水涂在带子上，于是发明了胶带并投入生产。随着相关品类的扩张，从文具店有售的小胶带到装箱使用的大胶带，都成了 3M 的热门产品。至此，3M 已经拥有了两大产品线——砂纸和胶带，并成了这两大领域中的佼佼者。

不久后，盒式录音机开始流行，于是磁带这种耗材的销量一路飙升。顾名思义，磁带就是记录磁信号的带子。简单来说，其制造工序主要分两步——首先要在透明的塑料胶片上涂抹胶水，然后再在上面均匀地涂上氧化铁粉。不仅是录音带，后来逐渐普及的录像带所采用的原理也与之相同，而这完全是3M所擅长的领域——它既是胶水行业的领头羊，又是砂纸的发明者，对像在塑料胶片上涂氧化铁这种事情，简直是轻车熟路。于是，3M又成了全球知名的磁带制造商。

原本是一场被骗的悲剧，烂在手里的是一座只有石英砂的废矿山，可3M的创始人却没有被命运所击倒，而是千方百计地寻找突破口，最终使稀松平常的石英砂变成了炙手可热的产品，从而使3M名声大振。不少京都企业亦是如此——对技术一窍不通的门外汉从单品类做起，进而对公司前途感到担忧，为了寻找突破口而绞尽脑汁、发挥创意。再说得好听一点，这就是所谓的"研发"，通过研发实现多元化发展，进而使企业的业绩一路高歌。

多元化发展所带来的安定与危险

前面说了，单一产品会导致企业家的不安，因为万一唯一的产品滞销，企业就会濒临倒闭。为了消除这种不安，企业家开始扩张产品线，也就是所谓的"多元化发展"。

比如，有一家房地产公司，因为难以光靠房地产生意来维持运作，于是他开始进军餐饮业。这也属于多元化发展，但不同于"另起炉灶"似地成立新公司，而是增加了既有公司的业务内容。其目的十分明确——当房地产生意不好时，餐饮业的收益还能够维持公司的运作。

换言之，多元化发展是企业生存和成长的保障。

让企业稳定运作、安定发展是企业家的本能所在。企业家最害怕的事情是产品滞销，因为其会导致公司倒闭。"要是那个卖不出去了，公司靠这个还能维持"，正是抱着这样的想法，企业家才会拼命扩张产品线。换言之，如果只靠一只脚走路，万一唯一的脚折了，就彻底完了；而两只脚走路就比较安心；有三只脚就更加安心……这便是多元化发展的驱动力。

刚才讲过，这与建立新公司有所不同。假如另起炉灶，那么原先的公司仍然在"一只脚走路"，要是脚折了，那家公司就倒了，而剩下的依然是一家"一只脚走路"的公司，即"两家倒闭一家，还剩一家"，这属于单纯的减法，而并非我想说明的初衷。要想让公司安定，就必须"多只脚走路"。纵观那些具有代表性的京都企业，无一不是采取了这样的发展模式，即通过不断创意和努力研发，使企业"走路的脚"从一只增加到两只、三只、四只，直至更多，这才是真正的多元化发展。

由此可见，要想让企业保持安定和成长，无论如何都必须走多元化发展之路；可与此同时，如果企业创始人是门外汉，那么"专注"就显得非常重要，倘若把有限的精力和能力用在两件事上，其力量自然会削弱；假如用在三件事上，其力量就会进一步削弱。这就导致了一个悖论——一方面，多元化发展是企业保持安定成长的必要条件；可另一方面，企业家有限的精力和能力一旦被分散，势必会弱化其所从事的各个行业，进而被竞争对手乘虚而入。

接着以刚才提到的房地产公司为例，在专注于房地产行业时，它在业内还算比较强的，可在进军餐饮业后，局势就不同了——在那些老牌餐饮企业面前，它显得十分弱小；而在房地产行业里，它由于餐饮业而分散了精力和实力，容易给对手以可乘之机。换言之，其反而在两个行业都处于弱势，这便是多元化发展的危险性所在。

此外，多元化发展还存在方向性的问题。不动产和餐饮可谓风马牛不相及，因此极为分散企业家的精力。原本专注于房地产行业时就已经疲于应对，却又要进军一个全新的领域，这会导致企业综合实力的进一步弱化，因此属于较为失败的案例。

踏遍险峻之路，方能磨砺自我

回顾京瓷的发展之路，完全是一个连续不断的多元化过程。对于多元化所带来的风险，我当然一直心中有数，但正所谓"不入虎穴焉得虎子"，假如不走这条险峻之路，公司既无法安定，也无法成长。

也正因为是险峻之路，所以我非常小心谨慎，一开始并没有像刚才举的例子那样盲目踏入未知领域，而是着眼于既有业务的"延长线",即在擅长领域的基础上进行相关拓展。我经常以柔道做比喻,向京瓷的干部讲解自己的主旨。

我对他们说道:"假设有一名只擅长背甩[○]的柔道选手,那他就应该把背甩用到底。可如果对手知道他就这一招强,便会加以防备,于是很难背甩成功,但他决不放弃,把双腿跪在榻榻米上,以超低的重心出招。而对手也更加警惕,使出浑身解数进行防御,导致他无法在站立和跪着的姿态下成功出招。于是他只能看准时机,一旦对手的重心稍有不稳,他便以几乎要摔倒的体态冲过去,最终背甩成功。在柔道比赛中,类似的场景并不少见。"企业经营亦是如此,因此我号召京瓷的干部们"要把自己擅长的招数用到底。不管对手怎么防御和干扰,都要想办法'使出

○ 背甩是一种柔道招数,出招者先冲入对方怀抱,抱住对手的一只手臂,然后把对手驮在背上,最后从肩上用力甩出去。——译者注

背甩'"。

简单来说，因为京瓷拥有精密陶瓷领域的技术储备，所以在拓展业务时，不能脱离这样的既有优势。这就像拉面店可以在拉面之外卖乌冬面，但卖盖浇饭就不太合适了。同理，擅长餐饮业的企业就应该在餐饮业内谋求多元化发展，假如因为羡慕搞房地产赚钱而出手，其结果往往是失败的。换言之，在酝酿多元化发展时，企业家必须审时度势并保持冷静，面对所谓"热点"和"风口"，不能没头没脑地一哄而上，否则必然会尝到失败的苦果。只有以自己所擅长和精通的领域为基础，在其"延长线"上寻求多元化发展，才能走出一条成功之路。

纵观京瓷的现有业务，哪怕是 Crescent vert 品牌的宝石产品，也是对精密陶瓷技术的开拓和延伸。因为陶瓷和宝石都属于矿物结晶体，所以二者的生产技术其实同宗同源。虽然前者属于电子工业元件，而后者属于消费类饰品，即它们的目标市场和营销方式截然不同，但都源于相同的技术原理。

在切削工具的领域亦是如此，面对像东芝泰珂洛、住友电气工业等具备先发优势的业内强者，凭着基于陶瓷技术的金属陶瓷工艺，京瓷硬是打进了这个行业，并且取得了成功。换言之，京瓷作为原本只在电子产业领域耕耘的企业，却不满足于现状，而是在自身既有技术的延长线上寻求发展，于是不但在宝石行业占了一席之地，还在切削工具的领域站稳了脚跟，等于学会了"多只脚走路"。

我已强调多次，多元化发展是企业安定和成长的必要条件，但同时又是危机四伏的险招。正因为如此，首先应该做到专注，即把精力集中于自己擅长和精通的领域，然后在此基础上发挥特长，从而实现多元化发展。

　　如今，各行各业都存在激烈的竞争，做好一行已实属不易。假如要同时从事两个行业，假如要实行多元化发展，那么不管是企业领导还是麾下干部，都不得不耗费大量的精力。按理说应该分别成立事业部，并培养相应的专门型人才，从而为领导分忧解难，并做到每个人各司其职。但这毕竟是理想状态，需要艰苦奋斗后才能实现。

多元化发展的失败案例与难点所在

　　刚才举了 3M 公司的例子，它属于多元化发展的成功典型。既然有成功，必然有失败，而多元化发展的失败案例可谓数不胜数。

　　虽然可能会得罪人，但我还是要点名。比如说钟纺⊖，其在第二次世界大战前是日本的顶级大企业。

　　⊖ "钟纺"是"钟渊纺织株式会社"的简称，其成立于 1887 年。——译者注

当时日本的重工业和化学工业尚不发达，纺织业是国家的主要产业，而钟纺又是纺织业中的航母，因此可谓当时日本的代表性企业。第二次世界大战结束后，在进军合成化纤领域的同时，钟纺又开始走上多元化发展之路，其染指的行业包括医药品和化妆品，后来又加上了食品和房地产。换言之，钟纺在同时从事纤维、医药品、化妆品、食品、房地产这五个完全独立的行业。当时的伊藤淳二社长把其称为"钟纺的五角经营战略"，在他看来，日后钟纺将在这五个领域全面开花，从而成为"五只脚走路"的超强企业。

然而事与愿违，由于力量分散到了五个行业，导致每个行业都无法火力全开，甚至连原有的优势都逐渐丧失——在棉纺织领域被日清纺织株式会社和东洋纺织株式会社追赶，在合成化纤领域被东洋嫘萦⊖等企业追赶，在化妆品领域又与资生堂等企业逐渐拉开

⊖ 东洋嫘萦现名为东丽株式会社。——译者注

差距。结果非但没能在任何一个行业取得成功，反而陷入了濒临破产的泥潭。如今，这个曾经的日本纺织业巨头正在痛苦挣扎。由此可见，多元化发展看似光明大道，但其实是困难重重的艰险之路。

再看我所提及的京都企业，它们在发展过程中皆认清局势，且拥有自知之明。罗姆靠生产碳素皮膜电阻器起家，然后靠充当半导体行业的"拾穗者"来谋求多元化发展，最终成长为实力雄厚的优秀企业；华歌尔的创始人塚本先生则反其道而行之——由于深知多元化发展的不易，因此专注于拓展女士内衣这一细分市场。

很久以前，我曾经问过塚本先生："您的公司拥有大批专家，一直致力于研究如何尽可能地展现女性的曲线美，而且还动用电脑、技术和设计等各方面的力量。既然如此，那何不顺水推舟地进军女装领域呢？"

而他答道："理由很简单，因为这件事情很难。女装和内衣属于完全不同的领域，（如果贸然扩张业务）必然会失败。"

我反驳道："既然华歌尔的内衣能够凸显女性美丽的身体线条，那么如果做女装的话，不是照样拥有相同的产品优势吗？"

他回应道："因为你不懂行，所以才会这么说。二者表面上差之毫厘，但其实完全不同。"

正因为如此，塚本先生后来只是在女士内衣的基础上增加了女士睡衣的产品线，而没有进一步染指女装行业。换言之，由于他深知多元化发展的不易，因此非常谨慎，只在自己擅长的领域进行扩张。

计如落子，由点及面

我刚才讲到，京瓷的多元化发展之路基于精密陶瓷技术，是在陶瓷行业的"延长线"上谋求发展，不过在 17 年前，我收购了濒临破产的 CYBERNET 工业公司；数年后，我又收购了同样濒临破产的雅西卡照相机公司。之所以收购这两家公司，部分原因是受对方之托，但它们所从事的行业与京瓷当时的既有领域毫不相关。尤其是后者，京瓷之前完全没有接触过照相器材领域，要想把雅西卡经营好，实在太不容易。在经历了不少挫折、付出了不少心血后，如今这两家京瓷旗下的公司运作得非常好。

在收购上述两家公司之前，我一直在公司内强调"联结"的重要性——餐饮业归餐饮业，房地产归房地产，不可跨行业交叉。用围棋做比喻的话，就好比是"必须在角部决胜负""必须二目相连"。一般的下法是"点目后占角，占角后进至对角"，但像我这种棋艺不精者，一旦进至对角，高手就会欲擒故纵——随着我的棋子一步步地被提调，劫就越来越大，一旦时机成熟，对方就出手抢"劫"，可谓应验了一句俗话——"养肥了再杀"。

换言之，假如专注于房地产业，就好比在拼命占角；可一旦在中途染指毫不相关的餐饮业，就好比杀入了对角，虽然非常辛苦且步步为营，却很容易在不知不觉中被对手抢"劫"，从而全盘皆输。

要想在房地产行业的基础上成功扩张，首先必须避免让对手有机可乘，即在落子时不留缝隙，把对手的气都堵上。虽然这样会导致速度和进展极为缓慢，但能够避免被对手秒杀；反之，假如为了迅速夺取阵地而贸然大跳，就会留下巨大破绽，被提调的棋子也无法提回，结果就如飞蛾扑火一般，成为对手的牺牲品。正因为如此，我才反复告诫公司的干部切勿"大跳"。

话虽如此，可我自己当时却以"大跳"的方式杀入了照相器材领域。等待我的是诸如佳能、尼康和美能达等业内强者。我作为一个临阵磨枪的门外汉，贸然进入了这个强手林立的行业，所付出的辛劳和承受的压力可想而知，但我凭借"誓要站稳脚跟"的一股韧劲儿，硬是"置之死地而后生"。

后来，我又创立了第二电电，杀入了陌生的电信行业，这又是一次"大跳"。由于第二电电与京瓷集团之间保持着相对独立的关系，因此可以说这次"大跳"更为彻底。不久后，第二电电又成立了蜂窝电话株式会社（Cellular Telephone Company）。如今，这步"大跳棋"已经发展为第二电电集团，拥有将近1兆日元的销售额；与此同时，对京瓷而言，第二电电这步棋也成功做到了"落子吃回"，从而形成了由点及面的纵横联结。

如今，日本最畅销的手机产自京瓷，这要归功于17年前收购的CYBERNET工业公司，凭借该公司

仅有的一点点无线通信技术，加之京瓷进一步的孵化
和研发，才有了如今的开花结果。换言之，已经占角
的京瓷和对角"落子吃回"的第二电电相互联结，从
而形成了一股足以震撼对手的力量。

如何攀登"多元化发展"的山峰

无论是白手起家还是子承父业，假如一直保持单
品类生产的现状，则势必前途堪忧。换言之，多元化
发展是唯一出路，且是企业安定和成长的保障，所以
请各位务必亲身实践。哪怕没有技术，哪怕是门外
汉，只要拥有强烈的意愿和热情，就能够激发思维、
启迪智慧。

有的企业家缺乏聪明才智，对于扩张企业心存不
安，于是一味地死守现状，这在家族企业中尤为常
见——不少人在继承了企业后，一心只想维持现状、

平稳过渡，于是公司规模只能止步于中小企业。反之，假如不满足于现状，而是希望通过多元化发展来把企业做大做强，于是开始攀登"多元化发展"的山峰，此时需要注意方法和技巧，否则会遭遇危险，甚至危及企业生命，因此要选择自己擅长的路线和山峰，避开自己完全不熟悉的未知领域。换言之，唯有知己知彼，才是优秀的"登山者"。

和现实中的登山运动一样，一旦在悬崖边踩空，就可能跌落致死，对企业而言，死亡意味着破产倒闭；可一旦成功翻山越岭，就能迎来一片平坦的高地，对企业而言，就等于从中小企业晋级为骨干企业；而有追求的企业家不会就此止步，还会继续向上攀登。

必须通过发挥创意来谋求多元化发展，但不可能人人成功，有的企业家在该过程中涉猎过广，从而招致失败，最终被行业所淘汰。所以说，要想实现多元化发展，企业家的勇气和魄力必不可少。有的企业家在遭受挫折后裹足不前，从而止步于中小企业的格局；有的企业家却愈挫愈勇，奋起攀登，从而成长为骨干企业。若想让企业长足发展，这个过程至关重要。

若想从骨干企业进一步发展为大企业，则需要百尺竿头，更进一步。即经过辛苦攀登而迎来高地后，必须继续向上，从而迎来另一处高地，有时会遭遇陡峭山路，有时要面对万丈悬崖，而一旦克服困难，便能迎来平坦的高地，通过不断重复这个过程（比如在经过数十个高地后），企业便能到达"多元化发展"的一个高海拔，这便是企业发展壮大的原动力。

企业的成长必须伴随人格的成长

根本不存在什么绝对的"好生意"和"好工作"，

每个人对自己的事业都存在不满，企业家亦是如此。不少企业家都认为自己的生意稀松平常、难有起色，但事实并非如此。常言道"事在人为"，只要方法得当，看似难有起色的生意也能做得风生水起。就像前面提到的京瓷物流部门一样，只要找对方法，看似稀松平常的业务照样能够创造可观的利润。所以说，人的因素是关键。

在我看来，10% 左右的税前利润率是底线，假如达不到这个水平，那么就算不上生意。

一些企业的税前利润率之所以低于10%，是因为企业家自己缺乏信心。如果一心念想"无论如何都要实现 10% 的税前利润率"，则势必能够实现愿望。请各位想一想，尤其是实体制造业，大家起早贪黑地拼命努力，倘若连10% 的税前利润率都没有，那还能有奋斗热情吗？所以说，企业家的当务之急是提升盈利能力，只有打好高收益的基础，让公司成长为骨干企业，才能谋求深度的多元化发展。鉴于此，我希望在座的各位务必努力奋斗，首先把自己的公司发展为骨干企业。但就像我刚才说的，这就如同攀登山峰一般，既路途艰险，又危机四伏。

此外，企业家还不应该一味地抱怨"没技术""没资金""没人才"等客观条件的局限。纵观我提到的那些成功的企业家，无一不是门外汉，且都是在"要什么没什么"的艰苦条件下起家的；但他们毫不抱怨，而是坚信"天无绝人之路"，从而积极开朗地面对困难。由此可见，其实人人都有获得成功的资质，关键在于心念与心态。所以说，企业家首先要提升公司的盈利水平，在实现高收益的基础上实行多元化发展，从而把自己的公司打造成受人尊敬的优秀企业。

但要注意的是，一旦企业取得成功，比如销售额达到了100亿日元、200亿日元，甚至300亿日元，骄傲自满的心念便会抬头，一些企业家甚至会变得自以为是。所以说，不管企业发展得多大多好，企业家都万万不可抛弃谦虚的美德。到了这个阶段，导致企业倒闭的首要风险已经不再是多元化发展，而是企业家自身的傲慢情绪。正因为如此，我时常强调"一旦企业发展到了一定的规模，企业家就必须提升自己的修为"。具体来说，即不要把满足私欲作为经营企业的目的，应该把"为社会、为世人做贡献"视为自己的终极关怀，换言之，必须重新树立自己的人生观，抛弃"小我"，立志"为社会、为世人尽力"。

总而言之，企业的多元化发展之路犹如攀登险峻山峰，而攀登过程便是企业的成长过程；与此同时，企业家的人格也必须随之成长，并重塑自己的人生观。假如企业家无法将自身心性提升至较高的层次并拥有优秀的人生观，那么其经营的公司势必无法达到大企业的档次。所以说，人越是成功，就越要提高修为。我一直强调"提高心性，拓展经营"，企业家如果想让自己的公司发展成长，就必须高度重视自我修养的提升。

要　点

并不存在从一开始就光鲜亮丽的事业，能把看起来人人会做的简单事情变成事业的人，便是企业家。

○

即便承接在大企业看来无利可图的项目，只要发挥聪明才智，照样能够创造可观的利润。尤其对中小企业而言，做好这点至关重要。

○

不少京都企业的掌门人都是门外汉，却毅然自主创业并获得成功。纵观这些人的秉性和品格，能够发现八大共通点：其一，乐于冒险；其二，勇于挑战；其三，争强好胜；其四，敢于创新（这里的创新并不仅仅指创造力，还包括不满足于按部就班和陈规旧律的性格）；其五，充满正义感；其六，积极开朗；其七，充满叛逆精神；最后一点，努力勤奋。

○

只要付出不亚于任何人的努力，就能够成就任何事业。"稀松平常"的事业不是问题，问题在于企业家自身是否甘愿于"稀松平常"。关键不在于有没有技术，只要勤奋努力，便能成功打造高收益的企业。

○

"没有技术的门外汉"加上"单品类生产"，这便是众多京都企业的起点。换言之，"一穷二白""一无所有"恰恰是创业的前提。假如因为缺乏技术或者产品单一而灰心丧气，那就注定一事无成。

○

由于企业的产品线单一，因此企业家充满"危机感"。与此同时，不满足于现状的"饥饿感"也会油然而生，但真正的企业家不会向现实低头。他们不但充满叛逆精神，而且永不服输，于是化危机感和饥饿感为动力，努力奋起，并为了推出新产品而开始不断创新。

○

研发的动机源于一种被紧迫感所驱使的创意思想。因为觉得"自己必须得想办法解决困难"，所以萌生了努力的主观能动性。

○

企业家一开始都是门外汉，这并非劣势，反而是一种优势。正所谓"无知者无畏"，门外汉往往能够天马行空，从而通过创意来攻克一道道难关。老天是公平的，门外汉虽然缺乏技术和知识，却拥有自由发散的思维，而这是非常重要的优势。

○

要想让企业保持安定和成长，无论如何都必须走多元化发展之路；可另一方面，倘若实行多元化发展，企业家的精力和能力便会分散，从而削弱每项业务的竞争力。但正所谓"不入虎穴焉得虎子"，假如不走多元化发展这条险路，那么企业既无法安定，也无从成长。

○

多元化发展是企业安定和成长的必要条件，但同时又是危机四伏的险招。正因为如此，首先要把精力集中于自己擅长和精通的领域，然后在此基础上发挥特长，从而实现多元化发展。

○

攀登"多元化发展"的山峰时，应该注意方法和技巧，要选择自己擅长的路线和山峰，避开自己完全不熟悉的未知领域。唯有知己知彼，才是优秀的"登山者"。

○

必须通过发挥创意来不断谋求多元化发展，但不可能人人成功，有的企业家在该过程中涉猎过广，从而招致失败，最终被行业所淘汰。所以说，企业家的勇气和魄力必不可少。有的企业家在遭受挫折后裹足不前，从而止步于中小企业的格局；有的企业家却愈挫愈勇，奋起攀登，从而成长为骨干企业。总之，若想让企业长足发展，多元化发展至关重要。

○

若想从骨干企业进一步发展为大企业，在经过辛苦攀登而迎来高地后，必须不畏艰险，继续向上，从而迎来另一处高地，通过不断重复这个过程，便能到达"多元化发展"的一个高海拔，这就是企业发展壮大的原动力。

○

根本不存在什么绝对的"好生意"和"好工作"，只要方法得当，看似难有起色的生意和工作也能做得风生水起，关键是事在人为。所以说，人的因素是关键。

○

10%左右的税前利润率是底线，假如达不到这个水平，那么就算不上生意。如果一心念想"无论如何都要实现10%的税前利润率"，则势必能够实现愿望。企业家的当务之急是提升盈利能力，只有打好高收益的基础，才能谋求多元化发展。但这就如同攀登山峰一般，既路途艰险，又危机四伏。

○

企业家不应该一味地抱怨"没技术""没资金""没人才"等客观条件的局限。纵观那些成功的企业家，即便是门外汉，即便在创业时一无所有，却毫不抱怨，而是坚信"天无绝人之路"，从而积极开朗地面对困难。由此可见，其实人人都有获得成功的资质，关键在于心念与心态。

○

一旦企业在多元化发展中取得成功，一旦销售额大幅提升，骄傲自满的心念便会抬头，一些企业家甚至会变得自以为是。不管企业发展得多大多好，企业家都万万不可抛弃谦虚的美德。

○

企业的多元化发展之路犹如攀登险峻山峰，而攀登过程便是企业的成长过程；与此同时，企业家的人格也必须随之成长，并重塑自己的人生观。假如企业家无法将自身心性提升至较高的层次并拥有优秀的人生观，那么其经营的公司势必无法达到大企业的档次。所以说，人越是成功，就越要提高修为。正所谓"提高心性，拓展经营"，企业家如果想让自己的公司发展成长，就必须高度重视自我修养的提升。

为何必须追求高收益

如何实现高收益经营：京瓷公司内部讲话
——1999 年 8 月 19 日

1999 年 8 月 19 日，稻盛在京瓷集团总部做了内部讲话。该讲话是一系列的，当天属于其中的第一回，其主题围绕高收益经营。对于"企业为何必须追求高收益"的问题，稻盛提出了六大理由，同时还谈到了高收益的量化标准。

高收益企业：京瓷的起点

首先，我想探讨的问题是"企业经营为何必须追求高收益"。该问题的原点可以追溯至京瓷创立伊始。

在京瓷创立的第一年，公司的销售额约为 2600 万日元，而税前利润占销售额的一成多，约为 300 万日元。从那之后，时至今日，京瓷已经走过 40 个春秋，但从未出现过经营赤字。纵观全球，这样的企业也是凤毛麟角的。

在刚创业时，我对企业经营可谓一窍不通，不管是会计事务还是其他知识，我都一无所知。因此当听到公司盈利 300 万日元时，我的脑子里其实并没有什么概念。

那时候，京瓷的前社长青山政次先生还是专务，由于我们还没有财会人员，因此只能辛苦他来管账。

青山先生的本行是电气工程师，所以之前也没接触过会计事务，碰到不明白的财务细节时，就只好请宫木电机的财会帮忙。就是在这样吭哧吭哧的计算之下，才有了刚才提到的"盈利300万日元"的报表数据，我至今还记得，当我从青山先生那里听到这个好消息时，欣喜之情简直溢于言表。

我这么高兴是有原因的——在筹建京瓷时，时任宫木电机专务的西枝江一先生把他的个人住房作为担保抵押，从银行申请了1000万日元贷款，并把这笔钱借给京瓷作为启动资金。由于当时的京瓷只是家名不见经传的新公司，因此没有所谓的社会信用度。换言之，如果光靠"京瓷"的名号，那么没人会买面子，根本无法融资。

西枝先生是才智卓越的有识之士，如今回想起来，能在创业时获得他的援助，实在是京瓷之大幸。不仅如此，在公司筹备阶段，他坚持让京瓷完全独立，而非作为宫木电机的子公司运营。

再说回青山先生，我当年在松风工业工作时，他既是我的上司，也是公司董事，还担任技术部门的部长一职。而我当时是技术部的股长，属于基层干部，京瓷的伊藤谦介会长当时是我的下属。当我辞去松风工业的工作时，他们俩都随我一起辞了职。后来，青山先生为了我，特意去拜访了他在旧制京都帝国大学电气工程专业学习时的同届校友西枝先生。青山先生对他说："我认识一个叫稻盛的小伙子。我非常看好他，十分想助他创业成功，你能帮忙吗？"

当时，青山先生还向西枝先生大学时的好友交川有先生求助。交川先生在战时曾就职于专利局，当时是宫木电机的常务。换言之，西枝先生和交川先生不但是校友，而且还是同事，一个是专务，一个是常务，他们两个人关系一直非常好，可谓心气相通的知心朋友。

西枝先生和交川先生商量后，决定为京瓷的创立提供援助："既然有稻盛君这么优秀的人物，我们就出手帮助吧！"当时，西枝先生提议道："假如让宫木电机出资，那么京瓷就成了宫木电机的子公司，对京瓷而言，这绝对不是好事，所以我们还是以个人名义出资吧。"于是他找到宫木电机的社长，对他说："我要出资（赞助京瓷），交川也出资。既然专务和常务都出资，那请社长也出资吧。"不仅如此，他还号召宫木电机其他的董事干部也出资，最后凑足了300万日元的资本金。多亏了西枝先生的提议和斡旋，京瓷从一开始就没有成为宫木电机的子公司，而是以完全独立的方式运营。

西枝先生之所以支持京瓷独立，源于他客观冷静的智慧，他曾亲口道破自己的想法——"不能把京瓷变成宫木电机的子公司，将来它（京瓷）既可能长足发展，也可能破产倒闭。如果长足发展，宫木电机就成了阻碍其发展的枷锁；如果破产倒闭，宫木电机的声誉也会受到影响。而且单纯从概率来看，肯定是破产倒闭的可能性更大；鉴于此，宫木电机和京瓷之间还是提前做好切割为妙。"

不仅如此，西枝先生还曾对我说道："我是宫木电机的专务，负责操持和维护宫木男也社长所创立的这家企业。只要我还有一口气在，就会誓死维护宫木电机的基业，绝对不能让它倒闭。但京瓷不同，哪怕倒闭了也无所谓。"

这番话是在京瓷刚成立后说的，当时宫木电机的其他董事干部也在场，我当时心想，竟然有如此冷酷无情之人，居然说"京瓷倒闭也无所谓"。后来我才领悟到了他的良苦用心——校友青山先生的托付自然不可辜负，因此出手帮助我成立京瓷；但如果京瓷成为宫木电机的负担，对于身为"管家"的他而言，等于是给宫木电机制造了麻烦，那就对不起宫木男也社长的栽培和嘱托了。如今看来，这样的思想较为老派，但的确充满正气。所以说，多亏了西枝先生"不能给宫木电机添麻烦"的初衷，京瓷才没有附属于任何企业和组织，从创业伊始便奠定了完全独立发展的基础。

由于完全独立的性质，京瓷无法依靠宫木电机的信用担保去贷款或融资，可东拼西凑的 300 万日元资本金根本不够买设备，于是西枝先生把他的个人住房作为担保抵押，向银行借了 1000 万日元给京瓷。

当时，西枝先生对我说："稻盛君，我知道你很努力，但创业的确非常不易，企业成功的概率不过万分之一，绝大多数都转瞬即逝。所以说，创业就是一场风险极高的赌局，输掉很正常，赢了反而很难得。假如京瓷倒闭，那我住的房子就会被银行收走。知道我为什么愿意为你担风险吗？和老婆商量时，我曾问她'不反对吗'，而她竟然支持我，于是我才为你贷款的。"他的这番话简直让我刻骨铭心。

西枝先生和我原本并不相识，更谈不上交情，只是在青山先生的介绍下偶然认识而已，可他却如此支持我，于是我心想"绝对不能给西枝先生添麻烦"，并且一直自我鞭策。

之所以对贷款特别谨慎，除了源于对西枝先生的感激和愧疚外，稻盛家的性格遗传也是原因之一。我的父亲是个正经得近乎顽固的人，非常讨厌欠别人钱。在第二次世界大战前（当时我还只是个小孩子），父亲在鹿儿岛开了一家印刷厂，厂里有大型印刷机，还雇有员工，在当地也算是"成功人士"了。可在经历美军空袭后，这一切家业都化为灰烬。父亲茫然若失了一段时间后，虽然重新振作、面对生活，却再也没有重开印刷厂。我曾对他说："爸爸，你再开厂多好啊。"可他丝毫不为所动，还驳斥道："说什么傻话！？现在物价飞涨、民不聊生，咱们家算上你有七个孩子，开厂得借钱，万一还不出，不是要让你们挨饿了吗？"

可以想象，在这种家风下长大的我，当听到西枝先生说"要是（京瓷）倒闭，住房就会被银行收走"时，脑子中就只剩一个念头——"无论如何都要尽快把钱还清。"为此，绝对不能让公司倒闭。

为了还债而提升利润率

就这样，在京瓷创立的头一年，当青山先生告诉我"盈利300万日元"时，我别提有多高兴了，于是心想："如果每年都能赚300万日元，那么大约3年就能还清1000万日元的贷款。太好了，姑且先拼命奋斗3年，尽快把钱还掉。"

当然，说是盈利300万日元，但我根本没见到现钱，也根本没有这么多现金。对，就如各位所知，企业的利润和现金流完全不是一回事。换言之，这 300 万日元中，一部分可能是库存量，一部分可能是赊销款。

当时，我与青山先生和西枝先生之间曾经有一段这样的对话：

"我一直打算尽快还清 1000 万日元的贷款，这样大概 3 年就能还清，实在太好了。"

"你在说什么傻话呢？ 300 万日元是税前利润，还得交税呢。"

"要交多少税？"

"大概一半，也就是 150 万日元。"

"岂有此理！我们都已经欠了 1000 万日元了，还不知道能不能 3 年还清呢，为何还要被收税？"

"因为有利润了啊。"

"可咱们不是还欠着钱嘛。"

这就是当时的我，连借款和盈亏的区别都搞不清楚。

"等到咱们把贷款都还清后，再以盈利为理由收税的话，那我还能理解；可咱们现在还欠着钱啊，居然要收税，哪有这种道理！？国家太黑心了，平时一点不帮忙，却可以躺着收钱，而且还是现钱。"

当时，京瓷的客户往往采取赊购的方式，未结的应收账款以票据的形式保留。

"我们从客户那边得到的是尚未支付的应收票据，交的税却是实打实的现金，真是岂有此理！"

"因为你啥也不懂，所以才会说出这种话。"

结果，税后利润只剩 150 万日元。此外，不但要给专职和兼职的董事发奖金，还要给提供 300 万日元资本金的合伙人一成左右的分红。于情于理，这都是理所当然的。300 万日元的一成就是 30 万日元，再加上奖金，50 万日元一下子就没了，只剩 100 万日元。这样一来，要想还清 1000 万日元的贷款，至少需要 10 年。

当时，京瓷的车间里没有自动化的陶瓷冲床，大家从早到晚只能靠手动设备进行冲压。由于人手不足，现在担任京瓷会长的伊藤先生那时还得在生产第一线工作。因为长时间进行冲压作业，他的手臂肌肉隆起，变得又大又粗，简直快赶上漫画人物"大力水手"了。由于设备老旧，因此必须购置新的，可公司还需 10 年才能还清既有债务。等到有钱买设备，怎么也得 10 年后了，这让我终日烦恼不已。

于是我去找西枝先生商量：

"以目前的设备，公司无法做大。如今咱们手头只剩 100 万日元的利润，即便全都给银行，也得 10 年才能还清贷款。咱们现在的设备可撑不了 10 年，就算能撑 10 年，也早被行业彻底淘汰了。换言之，等到 10 年后，又得借钱换新设备。照这样下去，公司前途堪忧啊。"

听了我的话，西枝先生哈哈大笑起来。

"我说你啊，简直在犯傻。通过你的努力，目前公司的利润率达到了 10%，这说明前途有望。我借给你 1000 万日元，结果你不但付清了利息，还创造了 10% 的利润率，证明我没看错你。既然需要通过采购设备来增加销售额，那继续向银行贷款不就得了？"

"前债都还没还清，如今又要借钱。这样下去，债务的雪球不是越滚越大了吗？"

"没错，办企业就是这样的。"

"这太恐怖了，我可承受不起。光是您借给我的那 1000 万日元，就已经让我寝食难安了。"

"我说你啊，虽然是个优秀的技术人员，但当企业家还是太嫩啊。只不过借了 1000 万日元，就吓得整天念叨着要还清，这样怎么可能把企业做大呢？"

"那我该怎么办呢？怎样才能把京瓷变成像SONY、本田技研那样的大企业呢？我觉得肯定有什么好办法，而且是我目前想不到的好办法。"

"所有企业家都在贷款，只有通过借钱来采购设备和进行基础性投资，公司才能发展壮大。只要能付得起利息，消化得了折旧，那么大可光明正大地借钱。不要把欠债看作一件羞耻的坏事。"

虽然西枝先生如此劝我，但我当时对企业经营的常识一窍不通，一心觉得欠别人钱总是不好的。换作现在的我，当然能够理解和接受他的这番话，可当时我还是个不谙世事的毛头小伙子，本能地害怕欠债，无论如何都想尽快还清。

如此忧愁烦闷之际，突然一个念头让我醍醐灌顶。

"对了！之所以最后只剩 100 万日元的利润，是因为税前利润只有 300 万日元，扣税 150 万日元，再加上奖金和分红花了 50 万日元，结果就成了这样。我最初听到 300 万日元这个数字时，把它当成了净利润，因此以为 3 年就能还清贷款了，结果一半被税务局收走了。既然如此，那么只要创造 300 万日元的税后利润，3 年还清的计划就又能照常实行了。"

这便是京瓷追求高收益的起点。

于是，在京瓷创立的短短 1 年后，我便把 "20% 的税前利润率" 作为企业经营的目标。从我刚才讲的缘由可知，之所以定下 20% 的量化目标，并非基于可行性的计算评估，而是现实逼迫下的必要业绩。

水到渠成的"高收益目标"

刚才讲到，京瓷头一年的税前利润率为 10%，利润额为 300 万日元，而一半被税务局收走了。当时，我对此十分愤慨——"国家政府和古装剧里的贪官污吏有啥区别？难怪大家怨声载道。用征税的方式来剥削我们这些老百姓，简直岂有此理！"这种想法其实非常普遍，所以有的人觉得吃亏，于是走上了偷税漏税之路。

面对我经历的上述情况，有的企业家还会这么想："利润都是辛苦钱，与其被国家白白拿走一半，还不如自己花掉呢。既然产生 300 万日元的利润要交 150 万日元的税，那么减少利润不就得了？不用白不用，有利大家分——增加招待费开销，给员工发临时奖金，自己也顺便多拿一点，这样账面利润就下来了。"

于是，明明减少利润的初衷是为了避税，但在不知不觉中却扭曲成了一种"期望低收益"的错误意识。原本只是觉得交这么多税太吃亏，于是想办法少交，而并非希望自己的企业减少收益。可这样的心理状态却潜移默化，从而使企业家变得安于现状，最终萌生自甘堕落的思想，认为"还是低收益好"。

但我则不同，由于一心只想还清借款，因此既没有偷税漏税的念头，也没有"不用白不用"的动机，而是决心把 10% 的现有利润率提升至 20%，从而实现税后 300 万日元的利润。我的想法很简单——这样一来，3 年就能把钱还清了。

当时，我还没想到要实现高收益，只是在还债的动机驱使下，得出"必须保证 300 万日元税后利润"的结论。于是，京瓷的发展目标便水到渠成地变为"实现高收益"。换言之，在债务的逼迫之下，经过冥思苦想，我得出了自己的解决方法，而这成了京瓷日后发展为高收益企业的起点。

必须实现高收益的理由 1：为了强化财务体质

西枝先生见我为了尽快还清贷款而拼命，于是数落我道："你老是纠结于还钱。在我看来，你虽然是个优秀的技术人员，但却没法成为优秀的企业家。"即便如此，我依然近乎顽固地我行我素，坚持要把钱还清。既然要还钱，就需要资金，所以自然必须实现高收益。

在为了高收益而迈进的过程中，通过开动脑筋，我也想出了一些灵活变通的方法，比如偿还借款的计划——对于之前借的 1000 万日元，按照原计划一年年地还；采购新设备毕竟是当务之急，因此还是要贷款，对于这第二笔借款，则另外制订独立的偿还计划。具体来说，该独立计划类似列车时刻表——把每次采购的金额和还款计划视为一班火车，因此一系列的设备采购就如同多班火车的运营计划。换言之，最初的1000万日元贷款计划在3年内还清，接下来的设备采购贷款则切割为数个部分，并按计划逐年偿还。

当然，我之所以会制订如此复杂缜密的偿还计划，其动机依然是"必须还钱"的紧迫感。大约10年后，京瓷基本偿还了所有债务，最终实现了无贷款经营。

虽然当初西枝先生说我"整天念叨着还清借款，无法把企业做大"，但京瓷后来硬是实现了无贷款经营，并且取得了长足发展。企业要想在飞速成长的同时实现无贷款经营，可谓难度极大的任务。要想做到这点，就必须实现高收益。

而一旦实现高收益，无贷款经营就水到渠成，于是企业经营便能保持稳定。换言之，高收益是实现无贷款经营的前提。

说得再专业一点，只要实现高收益，便能增加企业的现金流，从而提升企业购置设备的财力，并在增加企业内部留存、提高自有资本比例的同时，增强企业的还款能力，最终实现无贷款经营，即所谓的"强化财务体质"。正因为如此，企业必须实现高收益。这便是我想阐述的第一个理由。

必须实现高收益的理由 2：为了稳定将来的经营状态

第二个理由是我花了很长时间才想到的。创业之后，京瓷逐渐呈现蓬勃的发展势头，当时的日本经济正处于高速成长阶段，因此用人成本也急剧提升。如今，日本企业平均每年的工资涨幅在 3% 左右，因此现在的人或许无法想象，当时日本人的平均工资涨幅维持在每年 10% 左右，个别年份甚至高达 30%。面对如此大的涨幅，我发现了问题所在。

纵观当时日本的制造业，优良企业的用人成本往往占销售额的 30% 左右，一旦这个数字提高到 40%，就属于业绩极差的企业了。我们以后者为例，假如一家企业每年给员工加薪 10%，由于用人成本占销售额的 40%，一旦用人成本提升 10%，其占销售额的比率便会增加 4%。

各位想必知道，日本大企业的税前利润率普遍不高，一般只有 3%～4%。假如有 5%～6%，已经就算不错的了。只要查一下大企业的决算表和各季度业绩报告书，就能得出八九不离十的结论。即便如此，工资照样是每年要涨的，按照当时的涨幅，每年都不少于 10%，有的年份甚至会出现 20% 或 30% 的情况。

面对当时的状况，我拼命呼吁全体员工共同努力，总算维持住了京瓷的高收益。而在其过程中，我发现了一些不可思议的现象。

假设一家企业的用人成本占销售额的30%，那么工资每涨10%，其占销售额的比率便会增加3%，倘若不采取任何应对措施，那么利润就会被逐渐蚕食——比如去年的利润率为10%，由于用人成本增加了3%，因此利润率便跌至7%；如果明年工资又涨10%，那么其占销售额的比率又会增加3%，而7%的利润率便会进一步跌至4%；如果后年还这么涨，那么利润率就只剩1%；如果大后年再涨，企业便会出现经营赤字。再纵观当前形势，虽然工资涨幅没有那么离谱了，但依然保持平均每年3%的增速。所以说，对企业家而言，这样的"追逐游戏"依然在继续，只有让经营业绩跑赢用人成本的涨幅，企业才能生存下去。

前面说过，日本大企业的利润率普遍不高。在查阅某家企业的公开财报时，我不禁心想："要是明年再涨 10% 的工资，这家企业就要出现赤字了。"可结果却出乎意料——那家企业照样保持了 3% 的税前利润率。到了第二年年底，我又想："要是再涨 10% 的工资，那这家企业真要撑不住了。"可结果呢？它照样创造出了 3% 的税前利润率。

这起初让我感到非常不可思议，人类真是有趣的生物，一旦被逼到绝路，自然会拼命努力。如果把 3%~4% 的利润率视为安全线，那么当企业面临陷入赤字的危险时，企业家就会使出浑身解数，让自己不跌出这根"安全线"。同理，一旦涨薪后会导致赤字，企业家便会在各方面开展改善活动，使公司的运营及财务等方面更为合理，从而保证 3% 的利润率。所以说，等到真要火烧眉毛时，为了避免亏损，每位企业家都会拼命努力地改善现状。我经常将其比喻为"火灾现场的瞬间爆发力"。

与刚才提到的情况相比,假如企业拥有高达 20%的税前利润率,那么即便员工的工资涨幅为 3%,也依然能剩下 17% 的税前利润率,从而使企业根基坚实、经营稳固。正是基于这样的考量,所以我才努力维持高收益。

为了让京瓷全体员工明白我的用心,我当时对他们解释道:"企业一旦实现高收益,就能应对将来的一系列变化和冲击,包括增加的用人成本、运营成本及预估风险成本。假设有 15% 的利润率,如果员工每年的薪酬涨幅为 3%,那么即便不采取任何对策,企业也能撑 5 年,因为有较高的利润率作为缓冲和保障。换言之,所谓高收益性,就是对将来经费负担的承受程度。"

事实也的确如此,如果要问"怎样判断一家企业

对将来的负担及风险的承受能力",答案便是"利用
'利润率'这个指标"。所以说,高收益企业在这方面
的承受能力强。另一方面,所谓"收益性"则是指企
业的"持久力",包括承受将来薪酬上涨和其他成本
上升的持久力。

此外,当经济环境变动而导致销售额减少时,利
润自然也会随之减少。假如企业原先一直贯彻高收益
原则,那么在面对这种不景气的大环境时,就能发挥
持久力的优势。换言之,即便经济环境有所下滑,企
业也不会轻易出现赤字。总之,企业必须实现高收
益。值得一提的是,经济环境变化直接影响的往往是
企业的可变费用成本,这部分成本会随着销售额的增
减而增减;另一方面,固定费用成本则如其名,一般
不太会发生变动。由此可见,如果让固定费用保持在
低位,而让利润率保持在高位,那么即便销售额由于
经济不景气而有所下跌(甚至说大幅下跌),企业也能

撑过难关。

如上所述，为了稳定企业将来的经营状态，必须实现高收益。这便是第二个理由。

必须实现高收益的理由3：为了用高分红来回报股东

前面已经讲到，如果提升了税前利润率，那么一半的钱交了税后，企业还剩下一半。如果把这剩下的一半作为内部留存，那么不但提高了自有资本比例，而且还能够用于偿还借款及采购设备，从而实现无贷款经营。假如企业当前不太需要采购新设备，又没有背负债务，那么就可以给予股东较高的分红。换言之，为了用高分红来回报股东，企业也必须实现高收益。这便是第三个理由。

然而，如今不少人却认为这种经营理念是过时老旧的，现在的主流趋势是"不分红或者少分红"，并且认为"只要股价处于高位，不分红也没关系"。尤其在欧美企业的经营理念中，这样的思想已经根深蒂固，而日本企业亦有类似的趋势——高分红与高股价之间的因果关系已经逐渐消失。换言之，投资股票的目的已经被扭曲，变成了单纯追逐资本利得（capital gain）的行为。要知道，按照资本主义市场的正统观念，一旦企业盈利上升，在交纳税金后，就应把余下的部分收益用于分红。之所以这么做，是为了给广大投资者一个积极信号——与把钱存在银行所得的利息相比，投资企业的收益率要高得多；如果购买高收益企业的股票，就能获得非常可观的分红。这正是资本主义股市的初衷所在。

可纵观如今的股票市场，经常会看到这样的现象——当面值为50日元的股票涨至六七千日元时，虽说按照票面金额计算的分红应该很高，但按照股票价格所得的股息却并不多。而在我看来，不可轻视分红，企业还是应该按照资本主义市场的正统观念行事，因此必须提高分红。

必须实现高收益的理由4：为了用高股价来回报股民

刚才讲了，一旦企业实现高收益，在交纳税金后，剩下的资金就能作为内部留存，既可以用它来偿还债务，也可以用它来给股东分红。此外，还可以用这种剩余的利润来回购自己公司的股票，并将回购的股票注销。这样一来，发行的总股本就会减少，从而使得每股的权益增厚，进而拉高股价。换言之，企业拿自己的钱收购自家股票，然后再注销所购股票，从而把自己的利润回馈给广大股民。

举个例子，假如京瓷动用赚取的利润，以每股

7000 日元的价格回购市面上的流通股，并将购得的股票注销，那么发行的总股数就会减少，从而增加了每股的权益，在此利好消息的影响下，京瓷的股价自然水涨船高，于是广大投资者就获得了回报。当然，只有企业实现了高收益，才能拥有大量回购的实力。

在美国，作为回报投资者的方式之一，从很久以前开始，企业回购股票并注销的做法就非常流行；而在日本，最近这种方式也逐渐被推崇。就在前段时间，一家具有代表性的知名日企便采用了这种方式来提升股价。

必须实现高收益的理由 5：为了拓展事业发展的选项

一旦企业实现高收益，即便在交纳高额税金后，依然能够拥有较为可观的盈余。这就使企业能够保持资金充裕的良性状态，从而易于实现多元化发展。

举个例子，当年我觉得京瓷不能光靠精密陶瓷业务来维持经营，否则将来会有风险，于是打算进军太阳能领域。可由于时机尚未成熟，再加上需要长期的研发投入，因此该事业迟迟无法盈利，一直出现赤字。这不光是京瓷的问题，任何企业在进入一个全新的行业时，往往都必须承受一段时间的亏损，要想撑过该难关，就必须有高收益作为基础。

另一方面，企业要想实现可持续发展，则必须不断进军新领域，可这条路绝非一马平川的坦途，而是充满荆棘的险路，尤其在起步阶段，势必会出现赤字。为了能够负担这样的赤字，企业就必须夯实家底。换言之，唯有让既有事业保持高收益，企业才能承受多元化发展的负担。所以说，假如企业实现了高收益，那么其事业发展的选项就能得到拓展。

常言道"人穷志短"，如果企业的收益性很低，企业家在谋划多元化发展时就会想，"现在的事业利润低下，假如新事业出现赤字，企业就会倒闭"，从而临阵退缩、裹足不前。于是，企业的新事业迟迟无法迈入正轨，而老本行也逐渐丧失竞争力。由此可见，为了拓展事业发展的选项，企业也必须实现高收益。

必须实现高收益的理由 6：为了通过收购企业来谋求多元化发展

像我们京瓷这样的高收益型企业拥有巨额的内部留存，光是能够自由调用的现金就多达 2000 亿日元，如果加上有价证券，那数额就更大了。正因为如此，我们才有实力收购企业及进军新领域。

此外，在花重金收购企业后，其效果无法立即显现，需要一定的磨合期。如果收购方的收购资金是借来的，就会背负巨大的风险。反之，如果收购方的收购资金是自己的，那就不用偿还什么利息和本金，因此能够拥有"该出手时就出手"的实力和气魄。

高收益型企业才能走的险棋：
京瓷进军通信领域

14 年前，日本的通信业迎来了新时代。当时，原为国营的电电公社改制为民营企业，并更名为"ＮＴＴ"；与此同时，日本政府开始允许民营资本进入该领域。于是，我计划创立京瓷的子公司——第二电电。我的想法很明确——"等到 21 世纪，网络时代必将来临。目前，像我们京瓷这种擅长实体制造的企业或许是国家经济的顶梁柱，但未来肯定是网络信息技术的天下。此外，为了到时候能让人民大众享受信息技术带来的便利，必须把通信费降下来。作为一家大企业，应该为此做点事情。"于是我头一个提出申请，进入了通信行业。

那时候我在董事会上的发言，想必在座的各位董事还记得。我当时说道："(进军通信行业)风险巨大，但我无论如何都要创立第二电电，即便该事业迟迟无法迈入正轨，我也会在投入 1000 亿日元后再收手。假如花了 1000 亿日元还不见起色，那我就心甘情愿地放弃。我明白，这等于是在给京瓷集团增加负担，但请各位予以理解和支持。"

当时，京瓷拥有 1500 亿～1600 亿日元左右的储备资金，当然，这笔钱不仅是内部留存，还包括股市融资，这些七七八八凑起来，总共大概有 1600 亿日元左右。京瓷作为第二电电的母公司，扮演着担保人的角色，而我要求的 1000 亿日元则属于京瓷对第二电电的投资金。假如到时候第二电电经营不利，1000

亿日元的亏损便必须由京瓷承担。换言之，如果第二
电电的事业失败，那么京瓷手头的 1000 亿日元就打
了水漂，成了相应财年内的赤字。即便该财年内创造
了 100 亿～200 亿日元的利润，二者相减后，依然存
在 800 亿～900 亿日元的巨额赤字。

在日本，如果一家公司的财报赤字额如此之高，
那么批评之声必然甚嚣尘上。但我们京瓷有所不同，
由于原有的储备资金多达 1600 亿日元，因此哪怕亏
损 1000 亿日元，公司也不会破产。不仅如此，由于
手头还剩 600 亿日元现金，再加上既有事业实力雄
厚，因此京瓷依然是一家十分稳定的高收益型企业。
巨额赤字只是暂时的，到了下一个财年，照样能够
创造 15%～20% 的利润率。所以说，即便第二电电失
败，对京瓷本身并无太大影响。再说得直接一点，第
二电电万一倒闭，只会暂时让京瓷有失颜面，而并不
会动摇它的根基，也不会拖累它的发展。也正因为如

此，我当年在董事会上才会提出"最多投入 1000 亿
日元"的要求。

换作是一家没有实现高收益的企业，那么这 1600
亿日元搞不好是过去几十年积攒下来的，假如 1000
亿日元突然蒸发，那就不是相应财年赤字这么简单的
问题了。不但会造成许多麻烦的后遗症，而且还会令
企业元气大伤，甚至岌岌可危。所以说，如果企业未
能实现高收益（或者盈利能力较低），那就无法拥有毅
然开拓新领域的魄力。

总之，我之所以敢下第二电电这步险棋，其一是
因为京瓷早就实现了高收益，其二是因为之前的高收
益使公司拥有巨额的内部留存，从而使投资第二电电
变得绰绰有余。第二电电的成功案例成了日本战后各
大企业经营决策的正面典型之一，被许多评论家和媒
体大书特书。之所以能获得如此成就，并不能完全归
功于我的勇气。假如没有高收益和内部留存作保障，

那么我既没有进军通信领域的底气，也没有创立第二电电的实力。

我一直对各位强调，必须"在土俵正中相扑"，我进军通信领域时亦是如此。当时的舆论普遍认为我的行为鲁莽而愚蠢，就好比是"堂吉诃德战风车"。换言之，旁观者觉得我在担负巨大的风险，可我自己清楚，这是一场位于"土俵正中"的挑战。京瓷本身保持着 20% 的高利润率，投资新领域的 1000 亿日元资金也来自公司的内部留存，因此不会伤及企业中枢，属于留有后路的稳扎稳打。所以说，正是由于我们京瓷是一家高收益型企业，因此才能做出让世人震惊的挑战之举。

至此，我列举了 6 大理由来解释企业实现高收益的必要性，但这些理论并非原本就有，而是我在创业之后逐渐领悟的——面对京瓷发展过程中面临的各种问题和困难，我绞尽脑汁、冥思苦想，最终发现"企业必须实现高收益",于是将其作为行动目标并努力付诸实践。后来,在认真回顾和分析自己以往的成功经验时,我才逐渐归纳总结出了上述6大理由。

虽说这6大理由是我后来一条条想出来的,给人的感觉有点类似"事后诸葛亮",但在呼吁"企业必须实现高收益"时,这样的理论基础不可或缺。如果有人问"企业为什么必须实现高收益",就可以回答:"因为一旦实现高收益,上述6大目的便皆能达成。"

高收益是制造型企业的勋章

那么问题来了,究竟要创造多少税前利润率,才能被称为高收益型企业呢?京瓷在创业初期的税前利润率为10%,后来升至15%、20%,再到最高峰时的30%左右。

当然，对企业而言，利润率越高越好。那有没有一个统一的及格线呢？一旦税前利润率超过这条线，就属于高收益型企业，反之则不属于。迄今为止，没人明确回答过这个问题，也没人制定过相应的标准。

不同行业的利润率有所不同，有的行业普遍较高，有的则普遍较低。换言之，利润率存在着行业差异性。最近，电子游戏软件开发形势大好，从事该行业的公司的利润率普遍较高。但这种高利润率是行业特性导致的——如果游戏大卖，那么利润率高达 40%～50%；如果游戏滞销，利润率就会变得极低。由此可见，并不能说从事电子游戏开发的公司都是高收益型企业。

既然如此，那么多大的利润率才算得上高收益呢？京瓷刚创立时，由于各位同仁齐心协力地努力奋斗，起初达成的利润率为 10%。不久后，我便开始思考一个问题——"作为制造型企业，应该创造多少利润率才算合格呢？"哪怕翻遍所有的财务会计类书籍，恐怕都找不到相应的答案，因为没人敢明确下定论。

在我看来，从事制造业的许多大型日企普遍存在利润率偏低的问题，刚才也提到，3%～4%似乎是业内常态，这样根本无法保障企业的稳定运营。说到这里，肯定有人会问："那你觉得多少才合适呢？"当时我一直在琢磨这个问题，而在思考过程中，我突然想到了银行利率，当时日本银行的利率普遍在6%～8%。

如果我没记错的话，那是京瓷创立将近10周年的时候，我和一家城市银行的京都分行行长走得很近。当时应该是为了申请贷款，所以我设宴招待他。席间，我对他说："银行真是好行当啊，又轻松又赚钱。"按照日本人的习惯，对方一般会谦虚低调地予以否定，说句"哪里哪里""其实也不赚钱啦"之类的话就对付过去了，可那位行长挺有意思，他直言不讳地对我说："稻盛先生，你说得没错，完全就是这么回事。要是哪一天日本财政厅允许私人开银行，我肯定头一个申请，天底下没有比这更好做的生意了。"

"看来我的判断果然没错，好羡慕你们银行啊。"

这便是我们当时的对话内容。

所以说，在我看来，银行就像是饲养鸬鹚的渔民，以金钱为诱饵，让企业干死干活，而自己则坐享其成，收取利息；而贷款的企业（尤其是制造型企业）则需要花费金钱、使用设备、雇用员工、动用智慧，并集结知识产权、发明成果和专利技术来创造利润。我们企业人从早到晚拼命工作，而银行的贷款利息也在不断增加。不管企业境况如何，利息一天 24 小时不断累积，全年无休。所以说，银行不用付出任何劳动，就能赚个盆满钵满，实在是轻松之极。

当然，银行也并非无所作为的放贷机构，为了避免出现呆账坏账，必须对贷款对象进行严格审查，因此需要开展一系列的调查分析和风险评估工作，但与企业（尤其是制造型企业）相比，银行付出的心血和努力要少得多；与之相对，制造型企业明明必须动用人才、物资、金钱、智慧等各种经营资源，结果大多数却只能获得 3%～4% 的利润率，实在太过荒唐。

假设流动资金为 100 亿日元，制造型企业要想创造 100 亿日元的销售额，就必须先采购材料、投入生产，再卖给客户，最后还得保证应收款悉数到账，可最后的利润率却很低（大企业的平均值在 3%～4%）；反观银行，则根本不用产出什么东西，其借出去的钱就等于是销售额，之后什么都不用做，就能获得 6%～8% 的利润率；落差如此之大，制造型企业真是太不值了。

面对这样的残酷现实，我是这么想的——"人类辛苦劳动的价值可不止于此，尤其是我们所从事的制造业，广大从业者如同工匠一般，通过卓越的专利发明，凝聚智慧、研究技术，从而生产出优秀的产品。

明明是高智慧、高技术的创造性工作，却与放贷机构的利润率相差无几，甚至低于后者。这对我们这些从事实体制造的业者而言，简直是一种侮辱。假如不打破这样的怪象，对制造业实在太不公平了。我们的技术型工作应该更有价值，不能和通过放贷赚钱的人沦为一谈，至少要创造 1 倍甚至 3 倍于后者的利润率。这是非常基本、非常合理的要求。只要运用科学技术和精湛工艺，必定能够创造出较高的价值。"

正是基于这样的想法，我才会一直对各位强调"15% 左右的利润率是理所当然的"。

"假如制造业的利润率与银行机构相差无几，那么就等于自我否定了制造业的价值。明明在拼命劳动，可赚的却和单纯放贷的一样多，这难道不可悲吗？只要我们团结一心、群策群力，就必定能够创造更高的价值。我们不要妄自菲薄，要明白人类劳动的价值，尤其是制造业，更应该被尊重。"

鉴于此，我才会强调"企业本就应该实现高收益"。

所以说，在实现了 15% 甚至 20% 的利润率后，假如有人予以非难，说"这属于不合理的高利润"，那各位大可如此回击——"我们依靠智慧和努力提升了产品的附加价值，因此高利润是天经地义的。"如果利用垄断优势来抬高价格、牟取暴利，那的确有失公允；反之，如果分享专利技术、参与全球竞争，并在开放透明的市场环境下生产销售，进而实现高收益，那就是制造型企业的荣誉，而高收益便成了引以为傲的勋章，丝毫没有被非难的理由。在全球化的激烈竞争中，如果我们凭借智慧和努力创造出别人所不能及的高利润，则应该抬头挺胸、备感自豪。

基于这样的理念和决心，以创业头一年的 10% 为起点，我们京瓷的利润率曾经一路走高，达到了 15%、20%，甚至达到过 30% 左右的峰值；之后有所回落，甚至跌至 10%。也正因为如此，最近伊藤会长提出了"回归原点"的方针，我对此十分赞同。在我看来，京瓷回归原点，也就是回归高收益型企业的初心。为此，首先应该恢复高收益。

多少税前利润率才算高收益

说了这么多，我还没回答刚才的问题——究竟多少税前利润率才算得上高收益？

有人或许觉得我这人比较矫情，但在我看来，在做事时，理论依据不可或缺。只有在拥有充分依据的前提下，才能满怀信念地贯彻执行；反之，假如没有依据，那就如同断了线的风筝，飘忽不定。因此，即便是看似矫情的歪理，也总比什么都没有要好。依据能增加信心，理论能明确目的，从而得出属于自己的思考成果。这或许听起来有点牵强附会，但我确实没有打妄语。此为真实不虚的道理。

我经常对盛和塾的学员们说："不管从事何种行业，既然负责经营企业，至少要创造 10% 的税前利润率，否则就算不上企业家。假如企业利润低下，那等于是让自己的辛劳和汗水失去意义，还不如撒手不干。"

所以说，我认为企业的税前利润率底线是 10%。鉴于此，至少要在该基础上翻倍（即创造 20% 的税前利润率），才能称得上是高收益型企业。

面对我提出的"10% 的税前利润率底线"，有的人或许会提出异议，认为"不同行业的利润率有所差异，不可一概而论"。

我创业至今，真心庆幸自己当初选择了制造业。虽说这一行既苦又难，但复杂的成本因素反而成就了机会。原因很简单，由于成本包括材料费、人工费及其他各方面的费用，因此拥有较大的余地去削减成本和发挥创意，从而提升产品的附加价值。换言之，只要开动脑筋，就能不断提高利润率。这便是制造业的优势所在。

其他行业则不尽然，以零售业为例。其无非就是从厂家直接进货，然后在进价的基础上设定零售毛利率，因此利润空间较为有限。

我在创立京瓷后不久，觉得营业部门必须独立核算，于是决定给予营业部门 10% 的佣金，作为其维持运营和工资开销的费用。另一方面，我知道营业部门还有"买断卖断"的方法——简单来说，就是营业部门以进价包下生产部门的产品，然后自行定价卖出。换言之，前者根据 10% 的佣金来决定售价，后者则完全开放了定价权。

纵观人类历史，随着资本主义的蓬勃发展，零售业亦逐渐繁盛。在人类还靠打猎采摘为生的远古时代，零售业是不存在的；随着人类从移居转变为定居，从狩猎进化为畜牧和耕种，就产生了诸如乳品、大米、小麦等农副产品。于是，一旦某种产品相对富裕的地域获得丰收和盈余，就能将农副产品以较低的价格分享给周边地区。但后来有人发现，在较为偏远的地区，由于相对匮乏，因此同样的东西价格却贵不少，于是发现了其中的商机——从较为富饶的地方大量低价购入农副产品，然后以手挑肩扛的方式搬运到匮乏的地方，就能高价转卖。这些人可谓零售业的鼻祖，他们用搬运和路途的辛劳赚取差价。

进货后运到市场所在地，按照当地行情定价出售。如果能做到"低价买入，高价卖出"，便能赚得十分可观的利润。从古至今，这种商业模式一直未变。不管是从事原油还是其他期货交易，人们都追求最低的买入价和最高的卖出价。不仅是实物，外汇交易亦是如此，今天以低价买入，明天以高价卖出，从而赚取差额。由此可见，零售业（或者说整个流通业）的繁荣是资本主义发展的起点。

后来我才知道，所谓"买断卖断"的方式，其实是基于零售业的原型，但在让营业部门独立核算时，我并没有采取这种方式，因为这会使营业部门成为一个与公司利益割裂的"批发零售商"，于是该部门会在"采购"时拼命压价，最终导致生产部门和营业部门之间关系紧张；另一方面，假如营业部门不够机灵，以较高的价格"采购"了生产部门的产品，那么就可能不得不以低于"进价"的价格卖给客户，于是产生"逆向差价"，从而蒙受损失。

为了避免这种情况发生，我采取了另一种方式——首先让营业部门与客户去谈价钱，并将谈判结果及时反馈给生产部门并征求意见，比如问生产部门的负责人"这个价格可以做吗"，如果生产部门同意，便立即与客户成交，从而获得订单。这样一来，不管敲定的价格是多少，都要把其中的10%给营业部门，算作佣金。由于采取了这种透明的机制，因此早在谈判阶段，生产部门便知道，定价的10%是营业部门的佣金，剩下的 90% 归自己，于是能够在此基础上进行成本核算，从而决定是否接单。至于为何把给予营业部门的佣金定为 10%，完全出于我最初的决定，因为我估算过，只要他们努力用心，靠这点佣金完全能够养活自己。

然而，该方式也并非十全十美。即便定价过低，营业部门也照样能拿走 10% 的佣金。换言之，不管客户怎样压价，营业部门可谓不痛不痒；可生产部门就不同了，如果价格低于盈亏临界点，就会出现赤字。换言之，营业部门只要谈成生意，不管定价多少，都能获得 10% 的佣金，这涉及"定价即经营"的理念，即定价是企业经营的大学问，可由于营业部门的收入是佣金，因此往往会倾向于依靠低价来促成交易。如果生产部门表示不满，营业部门便可以拿竞争对手说事，比如"其他公司说这个价格能做"，从而逼迫生产部门认同定价的合理性。

但正所谓"两害相权取其轻"，与其用"买断卖断"的方式让营业部门收益波动且关系恶化，不如承担营业部门定价过低的风险。毕竟后者的唯一风险在于营业部门与客户议价的环节，只要把好这一关，其他都较为稳妥。经过如此缜密的风险评估之后，我当时才对营业部门说："每谈成一笔生意，你们都可以获得10%的佣金，但交通费、人工费等所有费用都由你们自行承担，并做出利润。"

我一直强调："10%左右的税前利润率是底线，假如达不到这个水平，那么就算不上生意。"但京瓷的营业部门所得不过10%，在减去人力成本及其他各项经费开支后，一般只会有3%~4%的盈余。作为制造型企业的营业部门，作为负责推销自家产品的部门，3%~4%的利润率已经足够。只要生产部门能够保证15%的利润率，那么最终的合计利润率就高达18%~19%。换言之，作为与生产制造直接关联的内部共同体，营业部门拥有3%~4%的利润率便足矣，所以我当初把佣金定为 10%。

另一方面，如果是完全独立于厂商的贸易公司，其情况又如何呢？日本有不少知名的综合商社，纵观该行业，10% 的销售佣金已经算高的了，很多时候根本达不到这个数。再加上各种运营成本和风险，即便创造了数兆日元的营业额，其最终利润率却只有百分之零点几。换言之，虽然销售额非常可观，但实际利润却少得可怜。如今，不少贸易公司面临被淘汰和洗牌的危险，而在我看来，利润率如此之低的生意，没法做下去是理所当然的。

但对于零售和贸易也不可一概而论，以我们京瓷的代理为例，尤其在美国，我们采用的是一种名为"代理人"（manufacturers representative）的方式。这种代理人与来去自由的推销员类似，既不用承担库存，也不用开设门店，他们走访客户，到处推荐京瓷的产品。假如推销成功，比如客户决定采购价值 100 亿日元的陶瓷封装元件，代理人就会先对客户说："我会马上和京瓷公司联系，接下来的所有事项，您直接找京瓷就可以了。"然后再对京瓷的相关负责人说："我拉了100亿日元的订单，请给我佣金。"这就是所谓的代理人，只要动动嘴皮子，既不负责产品，也不需要垫钱，所以给个3%的佣金应该也不算少了。

可当京瓷开始生产消费级产品时，我才知道该领域的市场销售有多么不易——生产消费级产品的企业，不管是旗下的销售公司还是销售部门，如果没有30%左右的佣金，根本无法维持运作。由于之前一直只生产各种部件，而且向各厂商直接供货，因此我并不了解消费级产品的市场规则，还以为10%的佣金已经算高的了。

此外，由于京瓷的不少产品具有很强的专业性和针对性，因此并不怎么做广告。采购部件的客户都是诸如东芝、日立之类的大厂商，所以不需要通过报纸或电视向普通消费者宣传产品，也就省去了这笔费用；而消费级产品则不同，为了向普通消费者传达产品的魅力，必须进行宣传和推广，而且还必须保证一定的库存，所以相关的销售公司和部门需要收取相当高的佣金，否则无法承担各种成本。当我第一次了解到这些情况时，才恍然大悟——生产消费级产品真是不易。

与我们京瓷的营业部门不同，零售业采取的往往是"买断卖断"的方式——即自掏腰包进货，然后自己负责消化库存，因此既要承担库存资金占用所导致的利息支出，又要承担滞销存货所带来的清仓损失。不仅如此，即便最初的定价能够保证30%的毛利率，可一旦不得不降价销售，那么别说30%了，就连20%甚至10%的利润率都难保。换言之，一旦产品零售价下跌，30%的毛利率就会即刻丧失。所以说，面向普通消费者的零售业不好做，尤其是自己进货和销售的业者，倘若没有一定的聪明才智，恐怕连10%的税前利润率都达不到。

如果要实现高收益，更是必须拥有出类拔萃的头脑和才干。

要 点

原本只是觉得交这么多税太吃亏，于是想办法少交，但在不知不觉中扭曲成了一种"期望低收益"的错误意识。换言之，明明初衷是为了避税，而并非希望自己的企业减少收益。可这样的心理状态却潜移默化，从而使企业家变得安于现状，最终萌生自甘堕落的思想，认为"还是低收益好"。

○

高收益能增加企业的现金流，从而提升企业购置设备的财力，并在增加企业内部留存、提高自有资本比例的同时，增强企业的还款能力，最终实现无贷款经营。

○

要想判断一家企业对将来的负担及风险的承受能力，就要以"利润率"作为指标。所以说，高收益型企业在这方面的承受能力强。另一方面，所谓"收益性"则是指企业的"持久力"，包括承受将来薪酬上涨和其他成本上升的持久力。

○

企业要想实现可持续发展，则必须不断进军新领域，可这条路绝非一马平川的坦途，而是充满荆棘的险路。为了能够负担这样的赤字，企业就必须夯实家底。换言之，唯有让既有事业保持高收益，企业才能承受多元化发展的负担。

○

如果利用垄断优势来抬高价格、牟取暴利，那的确有失公允；反之，如果在参与全球竞争、努力生产的前提下实现高收益，那就是制造型企业的勋章，丝毫没有被非难的理由。

○

即便是看似矫情的歪理，也是不可或缺的。只有存在理论依据，人才能满怀信念地贯彻执行。总之，依据能增加信心，理论能明确目的。

○

不管从事何种行业，既然经营企业，至少要创造10%的税前利润率，否则就算不上企业家。假如企业利润低下，那等于是让自己的辛劳和汗水失去意义。

○

我认为，企业的税前利润率底线是10%。鉴于此，至少要在该基础上翻倍（即创造20%的税前利润率），才能称得上是高收益型企业。

全球化下的企业经营与公司治理

日经论坛"世界企业家大会"演讲
——1999 年 10 月 7 日

1999 年 10 月，日本经济新闻社、瑞士国际管理发展学院（IMD）及美国斯坦福大学亚太研究中心共同举办了第 1 届日经论坛"世界企业家大会"。在该大会上，稻盛发表了演讲。在这为期两天（10 月 7 日至 8 日）的会议上，围绕着"跨越国界桎梏，构建富裕社会，发挥带头作用，迎接 21 世纪"的主题，日本、美国和欧洲的企业家各抒己见，开展了热烈的演讲和讨论。

在演讲中，稻盛指出，管理企业的本质是管理员工，必须宣传和贯彻能够受到子公司和全体员工尊敬的经营理念，才能让日本企业在今后的全球化竞争中立于不败之地。

日企的管理现状

今天，我想以"全球化下的企业经营与公司治理"为主题，谈一谈我平时的心得体会。

要想把公司治理这个问题说明白，我觉得首先有必要讲一讲日企的管理现状是否合理。

纵观日本的股份制企业，可以发现企业之间互相持股的情况较为多见；与之相对，个人股东的比例却相对较低；因此股东对企业经营层的监督机制较为落后。鉴于此，把企业交给董事会全权打理的做法成了日企的主流。这样一来，原本拥有企业决策权的股东便无法有效行使自己的权利。

这种约定俗成的习惯造成了一种轻视股东的风潮——在日本，假如股东在股东大会上以业绩不振为由，要求更换董事会的领导班子，就会背负"强行夺权""黑心股东"之类的恶名，所以日企的股东几乎不会公开表示对现役董事会的不信任。

此外，如果日企的社长任期超过 10 年，那么公司董事会的大部分成员往往都来自他的麾下。这样一来，董事会就很难正面反对社长的决策。换言之，董事会成了听命于社长的机构，而社长则成了公司的"独裁者"。在日企，这种模式较为常见，由于社长一家独大，因此企业在运营过程中容易出现重大问题。至于类似的案例，想必各位都有耳闻目睹。

不仅如此，作为公司的经营层，如果社长和董事会成员游离于股东的监督，对企业实行"专制化管理"，那么公司干部的退休慰问金便成了一个"老大难"的问题。按理来说，应该召开股东大会，由各大股东来决定干部退休慰问金的发放；可在日企，较为常见的做法却是"权力被迫下放"——不管是退休慰问金的发放形式还是额度，股东都被要求全权交给董事会，由董事会按照公司内部章程来定夺。

换言之，发不发、发多少、何时发，这些原本应该由各大股东决定的事项，实际上却成了其无法监督和管辖的范围。一句"关于（退休慰问金）发放金额、形式等具体细节，希望（各大股东）全权交给董事会决定"，体现了不少日本企业家"以自我为中心"的态度。

尤其在上市的日企，这种将股东视若无物的经营方式更是横行，这导致不少日企陷入社长和董事会成员"一家独大"的专制体制。在我看来，目前仍未有行之有效的监督体系和抑制手段。

鉴于日本股份制企业这种较为落后的管理体制，不少有识之士提出了改革和改善的要求，且这样的呼声日益高涨。要想解决这个顽疾，首先应该将决策权归还给股东，并建立相应的机制，从而使股东的意见能够及时有效地反馈给企业经营层。为此，最近出现了"股东代理人"，即与公司无直接利害关系的"社外董事"。通过在董事会中加入这样的"新鲜血液"，并引入以"执行董事"作为企业经营领导的"执行董事制度"，从而实现企业的权力平衡。

"董事会制定企业的经营方针和战略；执行董事则以此为基础，充分利用既有的人力、物力和财力等经营资源，从而落实方针与战略；最后再由董事会对落实情况和结果予以管理和监督"。许多人认为，日本企业也应该尽快引入这种董事会和经营层各司其职的制度。在现实中，有的日企的确已经开始采用"执行董事制度"。在我看来，这是一个可喜和正确的方向。

日企子公司与关联公司的管理模式

接下来，基于该理念之下，我想探讨一下日企子公司和关联公司的管理模式。

从公司治理体系的角度来看，母公司与子公司的关系相当于董事会与执行董事之间的关系，前者对股东负责，后者落实经营策略。换言之，母公司决定了子公司的经营方针和战略，子公司则充分利用既有人力、物力和财力等经营资源，从而落实方针与战略，并努力提升公司业绩。

从该意义层面上说，这种母公司和子公司的关系与企业管理中的"各司其职"如出一辙——前者即董事会，后者即执行董事。鉴于此，子公司的经营状况就成了一杆秤，它能够衡量公司治理体系是否运作顺畅。

既然如此，就可以用该标准来评估日企母公司与子公司之间的实际关系，于是可以得出几种日企中较为典型的管理模式。

第一种模式是"直接管理"。顾名思义，为了让子公司按照母公司的意愿经营，子公司总裁自不必说，就连大部分的公司干部都由母公司直接委派。在该模式下，不管是子公司的经营方针和战略，还是人事调动和安排，甚至是具体的经营手段，母公司都会进行管控和干预。由于子公司的经营层必须征询母公司的意见并按照指示行事，因此完全丧失了自主性和能动性。

但日企母公司和子公司之间的关系并非皆是如此，这就要提到第二种模式——"彻底放权"。顾名思义，在该模式下，子公司总裁不是从母公司"空降"的，而是在子公司的正式员工中选出，并且将企业经营权完全交给子公司。在该模式下，假如一切顺利，那么子公司就能够充分发挥自主性和能动性，从而取得出人意料的发展，最终甚至成长为超越母公司的优秀大企业；另一方面，也存在不少失败案例——子公司仗着完全自主的权力而刚愎自用，最终甚至走向灭亡。所以说，这种管理模式类似双刃剑，既可能成功，也非常可能失败，风险较大。

换言之，从形式上看，日企母公司对子公司的管理制度与英美企业类似——董事会与执行董事各司其职，但在实际经营中却不尽然。在日本国内，由于文化和心理层面的认同感，只要母公司不对子公司专制过头，那么二者之间的关系就能维持在一个较为稳定的状态，各种问题和矛盾也不会激化和爆发；但倘若子公司在海外，那情况就不同了。对于第二种情况，我想予以进一步分析和阐释。

如何管理海外子公司

随着经济的不断全球化，越来越多的日企在海外也逐渐拥有了子公司、关联公司和合资公司。不少日企在管理它们时，几乎照搬照抄日本国内的子公司管理模式。

首先是人事方面。日企在海外子公司和合资公司等分支机构中的领导干部几乎都是从母公司直接派遣的。其初衷是促进与母公司的交流沟通、构建信赖关系，并保证与母公司的经营战略保持一致；但另一方面，由于经营方面的重要事项往往需要以书面请示的方式交给总公司裁决，因此当地经营层既不用自我担责，也几乎无法当家做主。

自不必说，干部人选、经营方针、经营战略都由母公司决定，有时甚至连琐碎事项都要一一向母公司请示汇报。这种母公司掌控一切的管理方式不但会导致决策迟缓、反应较慢，而且还会使当地经营层缺乏自主性，从而产生效率低下的通病。但这种管理方式也并非一无是处，由于一直处于总公司的管控之下，因此海外子公司或合资公司等分支机构的领导根本不可能擅自做出荒唐的决策，从而大幅降低了巨额亏损的风险。

此外，还有第三种模式——"间接管理"。这种模式介于第一种和第二种之间，一部分经营干部由母公司直接委派，但他们并不会干涉海外子公司或关联公司等分支机构的经营活动，而是委托当地经营层全权负责。这种方式的机遇和风险其实与刚才讲的第二种模式类似——既可能获得出乎意料的成功，也可能因为当地经营层的失控而导致破产。在座的各位应该也耳闻目睹过类似的正面案例和反面案例，因此想必能够理解这种管理模式所隐藏的风险。

让我们说回日企进军海外的现状。刚才讲到，纵观日企在海外的子公司或关联公司等分支机构，在大多数情况下，其核心领导干部都由母公司直接委派。换言之，母公司对分支机构采取的是"高密度管理"，导致这些海外企业的领导干部几乎都是日本人。对此，不少人提出批评，呼吁"日企应该更多地启用当地人"。在这样的呼声之下，如今有不少日企开始在经营层中提升当地员工的比例。

日企收购海外企业的情况又有所不同，由于被收购企业的领导乃至普通员工几乎都是清一色的当地人，因此母公司便不得不面对两个现实问题：①如何管理该企业；②如何用好原有的领导干部。在全球化日益迈进的今天，对于日本的企业家而言，这势必是一个必须重新认真思考的问题。

在我看来，当务之急是学习英美企业的公司治理经验，以较为合理的模式来管理子公司等分支机构。具体来说，由母公司（相当于董事会）来决定经营方针和战略，子公司等分支机构（相当于执行董事）的经营层则以此为基础，充分利用既有的人力、物力和财力等经营资源，从而取得实际成果，最后再由母公司对实际成果予以监督和评估。在我看来，日企要想较为合理且有效地管理海外子公司等分支机构，这种

"提供方针、落实责任、评估成果"的体系是必不可少的。

要想让这种体系发挥作用，母公司在提供经营方针和战略时，切不可仅仅停留在宏观和笼统的层面，而应该从实际需要出发，做出较为具体的指示。对日本企业家而言，由于习惯在传达"基本精神"后便委托下属全权负责，然而海外子公司等分支机构不太适应这种方式。

在美国企业的工厂里，经常能看到各种详细的指导手册，内容涵盖生产工序、作业流程、管理步骤等各方面。员工以此为纲开展各种管理和生产工作；与之相对，我们日本人往往习惯于让下属"领会精神"，然后让他们自主开展管理和生产工作。

不仅是管理，经营方面亦是如此，企业家必须在充分理解国内外文化差异的基础上，思考母公司提供的经营方针和战略是否适合于海外子公司等分支机构，从而制订具有针对性（尤其对位于欧美国家的子公司）的详细计划。在监管方面亦是如此，与日本国内的子公司相比，（在海外）需要更为系统和精确的监管机制。只有把这些方面的工作做到位，才能在预防失误和风险的前提下，确保海外子公司等分支机构的独立自主性。换言之，要在设定"安全阀"的基础上，让分支机构充满活力地发挥主观能动性。

"把握人心"是企业管理的必要条件

所以说，面对经济全球化的时代，日企对于海外子公司等分支机构的公司治理制度必须符合两大条件：①采取与"执行董事制度"类似的机制来进行管理；②灵活运用美国企业中较为常见的系统性管理手段。但要注意的是，仅仅拥有先进的管理制度和手段还不够，要想让企业运作顺畅，还需要其他方面的加持。究其原因，在于日本与海外之间的诸多差异，与日本国内的子公司不同，日企与海外分支机构之间存在文化差异、思想差异以及语言差异，这些差异就像源于心念的无形之墙，是无法光靠制度或体系来瓦解的，但它甚至可能会让母公司和子公司之间的交流沟通产生障碍。在我看来，如果不解决该问题，日企就无法真正实现面向全球化时代的企业管理。

所谓企业治理就是"治人"，要想建立行之有效的制度或体系，则必须先"把握人心"，即"治人"。"治人"的方法各式各样，但万变不离其宗的要点是"信赖"与"尊敬"。换言之，领导必须以身作则，从而获得下属的信赖和尊敬。假如一味地凭借权力和威慑来迫使下属听命，那么获得的只能是浮于表面、阳奉阴违的"忠诚"，一旦出现危机，没人会挺身而出。人心易变，可一旦建立了发自内心的信任关系，人心就会坚如磐石。因此，如果一个企业或组织建立在信赖与尊敬的基础上，那么它就牢不可破。这个道理当然也适用于日企母公司与海外分支机构的关系中——如果后者对前者心怀信赖与尊敬，那么企业自然能够团结，政策也自然能够落实。我认为，这便是最为理想的企业治理。

将经营理念变为全员共有的信念

那么问题来了，究竟应该怎么做，才能让子公司的领导干部信赖和尊敬母公司呢？答案很明确，母公司必须拥有值得被尊敬的经营理念，并将其升华为信念，进而付诸实践。

换言之，要想管理好子公司或关联公司等分支机构，母公司必须贯彻值得被信赖和尊敬的经营理念，并在实践中发挥远见卓识。在此基础上，如果子公司等分支机构的领导干部佩服和认同母公司的经营理念，并且产生共鸣，那么公司治理机制便能有效发挥作用，于是企业经营便能迈入良性循环的正轨。

世界各国的文化、历史和习惯各不相同，尤其是东西方之间，在许多方面存在着巨大差异。要想团结不同环境下成长起来的人，企业的经营理念必须具有普适性，即能够获得全世界人民的共鸣和赞同。我认为，只有让世界各地的员工共享这种经营理念，企业才能够突破文化壁垒，实现团结一心推进事业的理想局面。

纵观全世界的大企业，凡是那些真正能够被称为跨国集团的大企业，其往往具备能够让全世界员工共有的普适性经营理念。诸如 IBM 和惠普（HP）等国际巨头，它们的经营理念能够唤起任何一个人的信赖和尊敬之情，它们位于世界各地的员工都以同样的经营理念为纲，并以最大的努力去付诸实践。下面介绍一些它们的具体理念：

我们"信赖每名员工，尊重每个个体"；

我们"致力于为顾客提供最好的服务"；

我们"把诚实作为企业发展的座右铭"；

我们"追求完美"；

我们"重视团队合作，追求共同成功"。

其他还有很多，在此就不一一列举了。总而言之，只有具备并大力宣传这种万人共鸣的经营理念，企业才能在全球化经济的舞台上博得喝彩和成功。

在我看来，关键在于以普适性理念为基础，再加上把"为社会、为世人做贡献"视为企业存在价值的崇高经营哲学，还有规范企业行为的公司伦理体制。只有同时具备优秀的经营理念和经营哲学，才能真正把企业管理好。

换言之，应该从"作为人，何谓正确"的自问出发，且不管现实状况如何，都要贯彻诸如正义、公平、公正、勇气、博爱、努力、谦虚、诚实等看似极为原始的共同价值观，并把它们作为企业理念的核心部分。京瓷便是如此，我们一直以这种共同价值观为基础，并通过具体的行动方针来不断推进实际的经营活动。

关于京瓷的行动方针，我在此介绍几条。首先是"光明正大地追求利润"。这世上有不少企业家心怀一夜暴富的欲望，妄图通过不正当手段或投机行为来牟取暴利；京瓷则不同，我们一直坚持光明正大地开创事业，并追求正当利润。

其次是名为"经营如玻璃般透明"的方针。它要求企业的经营活动必须实现"透明"，上至公司领导，下至普通员工，无一可例外。不仅在公司内部应该如此，对外也必须按照相关规定公示企业信息，从而做到公平、公正。通过这种"透明"的经营方式，不但能够营造良好的企业风气、杜绝舞弊行为，还能够提高员工为企业出谋划策的主人翁精神。

除此之外，京瓷还有很多行动方针，比如"贯彻顾客至上主义""重视独创性""树立远大目标""把利他之心作为判断基准""认真努力，埋头苦干""贯彻公平竞争的精神""注重公私分明"等。这些方针包含在京瓷的实用经营哲学和企业伦理规范中，属于整个京瓷集团由上至下共有的思维方式。

日本人往往倾向于单纯模仿欧美企业的经营方式，且只学到了其形式，却未了解其核心。在我看来，只有在确立企业经营理念这一关键性基础的前提下，才能有效实施企业管理，最终形成系统化的公司治理制度。

到了 21 世纪，全球化必将进一步加速。我坚信，如果日企届时能够普遍拥有值得被信赖和尊敬的企业理念，并通过共享使其成为管理世界各地子公司及关联公司的方针和手段，那么就能迅速成长为真正意义上的全球化企业，从而进一步扩大规模，实现发展。

企业合并的理想方式

在全球市场竞争日益激烈的大环境下，为了从中胜出，企业之间的"合纵连横"变得越来越重要。为了增强在全球化竞争中的实力，不少大企业正在推进前所未有的合并或整合活动，且类似案例在今后只会越来越多。鉴于此，最后我想讲一下，在企业合并时，应该采取怎样的公司治理制度。

纵观日企之间的合并案例，合并双方越是业绩优秀，就越喜欢采用"对等合并""平等精神"之类的辞藻。可实际上呢？所谓基于"平等精神"的合并，其结果往往是两家公司的组织、人事和相关体制都原封

不动地一并保留，成了各行其是的并列体系。尤其是
人事变动，无论是升迁还是调动，常常采用一种被称
为"轮流坐庄"的规则，即重要职位由双方任命的人
员轮流担任。

照理来说，企业合并的初衷是形成合力、提升效
率。换言之，应该取得"1＋1＞2"，甚至是"1＋1＝
3""1＋1＝4"的效果。然而，所谓"对等合并"的日
企惯例却起到了反效果——由于完全无视企业经营规
律，对组织功能机构采取"双重并行化"，不予进行
精简和清理，因此导致企业合并后的效果并不理想，
甚至为了协调两个独立组织而耗费大量时间和精力，
简直还不如合并前的效率高。换言之，这种合并非但
没有起到"1＋1＞2"的效果，反而连"1＋1＝2"都
做不到，其结果只能是"1＋1＝1.3""1＋1＝1.4"，甚
至是负数。原本是为了提升效率才实施的合并，最终
却导致企业的国际竞争力不升反降。

所以说，要想在全球化竞争中生存，日企就必须采取能够提升效率的合并方式，使二者的合力发挥"1＋1＝3""1＋1＝4"的效果。我建议日本的企业家不要一味地拘泥于先前的惯例，而应该重新思考企业合并的初衷和本质。在我看来，要想增加企业合并后的团结凝聚力，就必须将一个永久性的强力组织作为主体，让它对其他组织进行吸收和整合。换言之，既有的强力组织势必处于优势，具备先进性；而只有让后进的被先进的吸收和同化，合并后的企业才能变强。

问题在于，日本社会的传统是"以和为贵"，大家都不喜欢胜负分明。究其原因，可能由于害怕强者以胜者自居而变得桀骜不驯，因此日本人普遍厌恶争强好胜。结果导致连企业合并这种单纯的经济行为都变得富有感情色彩，于是合并时往往不强调孰胜孰败和孰强孰弱，而只是一味地宣扬"平等"和"对等"。

换言之，日企之间合并时，往往故意模糊"孰强孰弱"的概念。

除了上述国民性的原因外，还存在人际关系的考虑——如果把"收购方"和"被收购方"或者说"占领方"和"被占领方"分得清清楚楚，可能会导致合并后的双方员工无法实现真正意义上的和谐共处，于是不断强调双方员工的"对等精神"。可结果呢？这种合并方式使得双方各自为政，两种既有的体系并行运作，从而导致企业整体效率低下。

纵观以所谓"对等精神"合并的企业，经营状况良好的几乎一家都没有。面对如此显而易见的现实，假如今后的日企依然一意孤行地墨守成规，以这种低效率的方式实施合并或整合，恐怕会在未来的竞争大潮中举步维艰。

面对即将到来的 21 世纪，日企如果想再次在国际舞台上崭露头角，当务之急是解决上述问题。这么做不仅能增强日企自身的竞争力，也是鼓励外企进入日本市场的必要条件之一。在讲演开头，围绕"全球化下的公司治理"这个主题，我谈了一点自己的心得体会，所谓"千里之行始于足下"，在我看来，改变以往合并或整合企业时的习惯做法，正是日企今后得以生存发展的第一块试金石。

要　点

日本股份制企业的传统管理体制较为落后。首先应该将决策权归还给股东，并建立相应的机制，从而使股东的意见能够及时有效地反馈给企业经营层。

○

日企在收购海外企业时，当务之急是学习英美企业的公司治理经验，以较为合理的模式来管理子公司等分支机构。具体来说，由母公司来决定经营方针和战略，子公司等分支机构的经营层则以此为基础，充分利用既有的人力、物力和财力等经营资源，从而取得实际成果，最后再由母公司对实际成果予以监督和评估。日企要想管好海外子公司等分支机构，这样的体系必不可少。

○

日企在管理海外企业时，应该在充分理解国内外文化差异的基础上，制定适合于海外子公司等分支机构的详细经营方针和战略。在监管方面亦是如此，必须制定系统和精确的监管机制。只有把这些工作做到位，才能在预防失误的前提下，确保海外子公司等分支机构的独立自主性，即要在设定"安全阀"的基础上，让分支机构充满活力地发挥主观能动性。

○

仅仅拥有先进的管理制度和手段还不够，要想让企业运作顺畅，还需要其他方面的加持。究其原因，在于日本与海外之间存在文化、思想以及语言等方面的无形差异。必须明白，这些差异就像源于心念的无形之墙，是无法光靠制度或体系来瓦解的，而它会让母公司和子公司之间的交流沟通产生障碍。如果不解决该问题，日企就无法真正实现面向全球化时代的企业管理。

○

企业治理的本质是人员管理，要想建立行之有效的制度或体系，则必须先"把握人心"，即"治人"。"治人"的关键在于"信赖"与"尊敬"。换言之，领导必须以身作则，从而获得下属的信赖和尊敬。

○

假如一味地凭借权力和威慑来迫使下属听命，那么获得的只能是浮于表面、阳奉阴违的"忠诚"。俗话说"心如电转"，即人心是不断变化的；可一旦建立了发自内心的信任关系，人心就会坚如磐石。如果一个企业或组织建立在信赖与尊敬的基础上，那么它就牢不可破。同理，如果日企母公司与海外分支机构能够建立这样的关系，那就是最为理想的管理模式了。

○

究竟应该怎么做，才能让子公司的领导干部信赖和尊敬母公司呢？答案很明确，母公司必须拥有值得被尊敬的经营理念，并将其升华为信念，进而付诸实践。

○

要想管理好子公司或关联公司等分支机构，母公司必须贯彻值得被信赖和尊敬的经营理念，并在实践中发挥远见卓识。

○

世界各国的文化、历史和习惯各不相同，尤其是东西方之间，在许多方面存在着巨大差异。要想团结不同环境下成长起来的人，企业的经营理念必须具有普适性，即能够获得全世界人民的共鸣和赞同。只有让世界各地的员工共享这种经营理念，企业才能够突破文化壁垒，实现团结一心推进事业的理想局面。

○

把"为社会、为世人做贡献"视为企业存在价值的崇高经营哲学，加上规范企业行为的公司伦理体制。换言之，只有同时具备优秀的经营理念和经营哲学，才能真正把企业管理好。

○

应该从"作为人，何谓正确"的自问出发，贯彻诸如正义、公平、公正、勇气、博爱、努力、谦虚、诚实等看似极为原始的共同价值观，并把它们作为企业理念的核心部分。

○

不要只单纯模仿欧美企业的经营方式，只有在确立企业经营理念这一关键性基础的前提下，才能有效实施企业管理，最终形成系统化的公司治理制度。此外，随着全球化的进一步加速，如果日企能够普遍拥有值得被信赖和尊敬的企业理念，并通过共享使其成为管理世界各地子公司及关联公司的方针和手段，那么势必能够迅速成长为真正意义上的全球化企业，从而进一步扩大规模，实现发展。

○

要想在全球化竞争中生存，日企就必须采取能够提升效率的合并方式，使二者的合力发挥"1＋1＝3""1＋1＝4"的效果。要想增加企业合并后的团结凝聚力，就必须将一个永久性的强力组织作为主体，让它对其他组织进行吸收和整合。换言之，既有的强力组织势必处于优势，具备先进性；而只有让后进的被先进的吸收和同化，合并后的企业才能变强。

○

纵观以所谓"对等精神"合并的企业，经营状况良好的几乎一家都没有。面对即将到来的 21 世纪，日企如果想再次在国际舞台上崭露头角，当务之急是解决该问题。这同时也是鼓励外企进入日本市场的必要条件之一。所谓"千里之行始于足下"，改变以往合并或整合企业时的习惯做法，正是日企今后得以生存发展的第一块试金石。